lonely planet

GUÍA PARA VIAJAR SOLO

Consejos prácticos e inspiradores para viajeros 'singles'

geoPlaneta

© PETAR PAUNCHEV / SHUTTERSTOCK

SUMARIO

DECIDIRSE

ANTES DE PARTIR

EN RUTA

INSPIRACIÓN: 10 BUENOS VIAJES PARA HACER SOLO

INSPIRACIÓN: TESTIMONIOS

© GALYNA ANDRUSHKO / SHUTTERSTOCK

Presupuesto

$ = ECONÓMICO
$$ = PRECIO MEDIO
$$$ = PRECIO ALTO

Indicador de respeto por personas LGBTI

LOS AUTORES DE LONELY PLANET HAN PUNTUADO LOS DESTINOS DEL 1 AL 5 SEGÚN EL RESPETO QUE SE MUESTRA EN ELLOS HACIA LAS PAREJAS DEL MISMO SEXO. EL 1 INDICA LOS SITIOS DONDE HAY MENOS RESPETO Y EL 5 REPRESENTA LOS DESTINOS MÁS ABIERTOS.

DECIDIRSE

¿POR QUÉ SOLO?

Playas de finísima arena blanca. Exuberantes selvas tropicales. Antiguas culturas más vivas que nunca. Mercados que estallan casi literalmente de tanto color. Hay quien desea todos los días en secreto vivir como en una foto de Instagram, pero no logra convencer a nadie de que lo acompañe. Entonces, ¿por qué no ir solo?

Es cierto que la idea de viajar en solitario puede abrumar a los no iniciados. Demasiado, incluso. Pero, con un poco de confianza y una buena dosis de preparación, se verá que no es solo divertido, sino más gratificante de lo que cabe imaginar.

VENTAJAS PRÁCTICAS

Viajar en solitario es el no va más de la autocomplacencia, porque solo hay que pensar en uno mismo. Cuando no hay otra persona que decida el plan, se puede ir donde se quiera y hacer lo que se quiera, cuando y como se quiera. Se puede conocer a gente nueva –algo que suele ser más fácil cuando se viaja solo– y empaparse de verdad del destino, sin distracciones. Se puede viajar todo lo rápido o lento que apetezca, sin tener que justificar las decisiones ante nadie más que uno mismo. ¡A disfrutarlo!

UN VIAJE PERSONAL

Viajar en solitario es la mejor oportunidad para reflexionar y desarrollar el propio yo. En casa, los amigos, familiares, jefes y compañeros influyen en nuestra manera de vivir la vida. Al viajar sin nadie más, se puede huir de esas influencias y tomar decisiones propias. Sin compañeros de viaje en los que delegarlas, aumenta la capacidad para resolver problemas, lo que incrementa la independencia y el arrojo para viajar en solitario. Al final, el viajero aprovechará para conocerse mejor, descubrir fortalezas que desconocía y detectar debilidades sobre las que tal vez desee trabajar.

COMBATIR EL ESTIGMA DE IR SOLO

Si alguien viaja solo, es que le pasa algo... ¡Anda ya! Sin embargo, el estigma sigue ahí. Por suerte, está cambiando. Muchos estudios recientes demuestran que viajar en solitario está en auge y, conforme gana adeptos, el concepto está redefiniéndose como un lujo en lugar de como una especie de plan B. Si en casa se lleva una vida independiente maravillosa, no hay motivo por el que no se pueda tener una experiencia igualmente fantástica mientras se viaja. Hay que reconocerlo.

ENTONCES, ¿POR QUÉ ESPERAR? EN LAS SIGUIENTES PÁGINAS AGUARDAN MOTIVACIONES Y CONSEJOS PARA HACER REALIDAD EL VIAJE SOÑADO... ¡EN SOLITARIO!

¿QUÉ LO IMPIDE?

Se pueden poner un millón de excusas para no querer viajar en solitario y siempre se encontrarán más, a menos que se afronte conscientemente el miedo a hacerlo. A modo de empujoncito, hemos desglosado algunos de los temores más habituales, para que no parezcan tan terroríficos.

© PERFECT LAZYBONES / SHUTTERSTOCK

"CREO QUE NO SOY LO BASTANTE VALIENTE O EXTRA-VERTIDO"

Viajar solo no tiene por qué ser sinónimo de ser adicto a la adrenalina, ni siquiera una persona extravertida. Los que son más bien tímidos pueden empezar por un circuito, para acostumbrarse a nuevos destinos antes de ponerse a viajar por su cuenta, o elegir un destino fácil –el propio país, tal vez– en el que poder ir ganando confianza en un ambiente más familiar. Verse un tanto obligado a hablar con gente cuando se viaja en solitario, sea para pedir indicaciones o la comida, es una forma estupenda de abrirse.

"ME PREOCUPA EL PRECIO"

En ningún sitio dice que viajar en solitario sea más caro que en grupo. A menudo puede ser más barato, porque no hay que ceder con el sitio donde dormir o comer. Conviene elegir empresas que no cobren suplementos por ir solo o que puedan asignar un compañero de habitación (p. 27). También es posible optar por dormitorios colectivos para reducir gastos de hotel y preguntar si hay descuentos para uso individual.

"¿ES SEGURO?"

Es una preocupación totalmente legítima que hay que tener en cuenta en todas las decisiones que se tomen durante el viaje. Aunque viajar solo suele considerarse más peligroso que hacerlo en grupo, no siempre es así. En solitario, hay que estar pendiente de la propia seguridad personal, mientras que, en grupo, se puede bajar la guardia y revelar la vulnerabilidad. Elegir un destino por el que resulte cómodo viajar es el primer paso para tener este miedo bajo control. Véanse en la p. 86 más consejos de seguridad para cuando se viaja solo.

"ME SIENTO CULPABLE POR DEJAR ATRÁS A LOS MÍOS"

Los seres queridos no deberían hacerle sentir culpable a uno por querer perseguir el sueño de viajar. Igual que tienen la responsabilidad de apoyar al viajero, este también tiene la responsabilidad de apoyarlos a ellos esforzándose por mantener el contacto y hacerlos partícipes de su vida mientras esté viajando. Por suerte, ahora hay más dispositivos y aplicaciones que sirven de ayuda; véase lo último en la p. 79.

"VIAJAR SOLA POR PRIMERA VEZ ES LO MEJOR QUE HE HECHO POR MI RELACIÓN"

"Tenía una relación la primera vez que viajé sola y me parecía de un egoísmo enorme viajar en un momento en el que mi novio no podía. Siguiendo un impulso, reservé un billete de ida y, cuando se lo conté, me aseguró que no pasaba nada, porque él ya había viajado solo y entendía mi necesidad de vivir la experiencia. Al priorizar mis necesidades durante el trayecto, se me despertó la pasión por viajar. Hoy estamos felizmente casados y llevamos juntos un blog de viajes." Phoebe Lee, bloguera de viajes, littlegreybox.net. Véase en la p. 144 para conocer el primer viaje que Phoebe hizo sola.

"ME ATERRAN LA SOLEDAD O LA NOSTALGIA"

Al viajar en solitario, habrá veces en las que haya que conformarse con la propia compañía. Es aconsejable disfrutarla y aprovechar para observar y saborear el mundo que nos rodea, leer un libro o empezar un diario. Casi todos los que viajan solos verán que, en realidad, es más fácil conocer gente; los lugareños, el personal de los hoteles y los camareros suelen acercarse a dar conversación a quienes viajan en solitario. También hay muchas formas estupendas de conocer gente durante el viaje, incluso en los sitios más inesperados; véanse en la p. 66 los 10 mejores de Lonely Planet.

"DEJAR UN PUESTO MUY EXIGENTE PARA VIAJAR FUE JUSTO LO QUE NECESITABA MI CARRERA"

"Tras 15 años de labrarme una carrera de éxito en el mundo de la moda, la gente pensó que estaba loca por dejarlo todo y recorrer España a pie yo sola. Pero era cuestión de ahora o nunca. Siempre había querido abrir mi propio negocio, pero nunca había tenido el arrojo suficiente. Pensé que, si podía hacer ese viaje sola, podría hacer cualquier cosa. Y eso fue lo que pasó. Tras caminar 775 km, encontré la fuerza para creer en mi idea y darme ánimos, y nunca he mirado atrás." Kat Fahey, organizadora de bodas. Véase la p. 152 para conocer el viaje en solitario que cambió la vida de Kat.

"¿Y MI TRABAJO?"

Ya sea que se deje el trabajo para viajar o que se tomen 10 días de descanso (que pueden parecer más de un año en una vida ajetreada), hay que centrarse en lo positivo. Puede que el viajero se pierda un evento de empresa o una oportunidad de ascenso, pero ganará en destrezas que tal vez le permitan conseguir el trabajo de sus sueños. Como mínimo, pasar un tiempo fuera puede ayudar a replantearse lo que de verdad se espera de la carrera, para poder volver a tope. Véanse en la p. 69 varios consejos para trabajar mientras se viaja.

"¿SOY DEMASIADO MAYOR PARA VIAJAR EN SOLITARIO?"

El no haberse tomado un año sabático después del instituto o la universidad no implica que se haya perdido (literalmente) el tren. Ya se tengan 26 o 56 años, hay destinos, empresas y comunidades de viajeros perfectos para viajeros en solitario de todo tipo; buscando un poco, cada cual encontrará los suyos. Aunque se acabe en un circuito en autobús con gente 20 años mayor o menor, conviene aprovechar la oportunidad para conocer más a esa otra generación.

ENTONCES, ¿POR QUÉ ESPERAR? AHÍ FUERA HAY UN MUNDO ENTERO. ADIÓS A LOS MIEDOS Y... ¡ADELANTE!

10 COSAS QUE APRENDER DE UNO MISMO

Al viajar en solitario, puede aprenderse tanto sobre uno mismo como sobre los sitios que se visiten. Después se podrán trasladar esas lecciones a todos los ámbitos de la vida.

1 QUÉ TIPO DE VIAJERO SE ES

Cuando no hay que adaptarse a las preferencias de otro, la forma de viajar de cada cual queda clara. A lo mejor el viajero prefiere recorrer los sitios a paso rápido o, por el contrario, le gusta tener tiempo para disfrutar de los pequeños placeres. Igual descubre al noctámbulo empedernido que lleva dentro o que le gusta levantarse temprano para visitar sitios antes de que lleguen las multitudes. Esta información servirá para planificar mejor los futuros viajes en solitario.

2 A TENER LA MENTE MÁS ABIERTA

Al viajar en solitario, las suposiciones y creencias se ponen a prueba más que nunca. Sin nadie al lado para respaldar los propios prejuicios, se aprende a abrir la mente a nuevas formas de vivir y a reevaluar ideas preconcebidas que se hubieran podido albergar sobre esas culturas o costumbres.

3 CUÁLES SON LOS LÍMITES PROPIOS

Hay quien jamás habría pensado que no le molestaría compartir dormitorio con 20 personas o que podría pasar varios días haciendo senderismo sin ducharse. Al viajar en solitario, enseguida se averiguan cuáles son los límites propios y si uno se siente a gusto expandiéndolos.

© SERGIO BALLIVIAN / SOCPX

4 A SENTIRSE CÓMODO A SOLAS

En ocasiones, puede que se prefiera estar con alguien para comer, pero, después de viajar solo un tiempo, se aprende a estar a gusto sin más compañía que la propia. Tras pasar unos días en grupo, tal vez se descubra uno añorando incluso un poco de soledad.

5 A ASUMIR RESPONSABILIDADES

Se perderá dinero, se escaparán autobuses, se calculará mal el tiempo para llegar al aeropuerto y se olvidará reservar un hostal en época de festivales. Al viajar solo, no se tiene a nadie más a quien culpar de los errores. Se aprende a asumir la responsabilidad, a tomar buena nota y a seguir adelante.

6 A FIARSE DE LA INTUICIÓN

Sin un compañero de confianza que ayude a elegir la dirección correcta (o equivocada) en el camino, se encuentra la valentía de confiar en los propios instintos. Al fin y al cabo, no queda otra.

© TOUCHING LIGHT, MOVING YOUR HEART / GETTY IMAGES

7 QUÉ ES IMPORTANTE PARA UNO EN LA VIDA

Conforme se conocen nuevas personas, sitios, olores y sonidos, se desarrolla la capacidad de mirar la vida "real" con más objetividad. Uno se cuestiona si las costumbres, objetivos y opciones de estilo de vida que antes consideraba importantes para sí lo son tanto en realidad.

8 A VIVIR CON MENOS

Tras viajar un tiempo, uno se acostumbra a vivir solo con lo esencial. De pronto, la idea de adquirir los vaqueros de moda de la próxima temporada, cuando ya se tiene un par en casa, o de dedicar una hora cada día a acicalarse, cuando se podría estar en la playa, empieza a parecer una tontería enorme.

© AHMED KHALIL / 500PX

9 QUIÉNES SON LOS VERDADEROS AMIGOS

Los amigos de verdad y la familia nos quieren por lo que somos y entienden (o, al menos, aprenden a aceptar) que se necesite viajar en solitario. Al volver, seguirán en el mismo sitio. Otra gente que parecía cercana, sin embargo, tal vez ya no tenga nada que ver con el "nuevo yo" del viajero ni tiempo para oír las anécdotas que tanto se ansiaba contar. De igual modo, puede resultar de pronto que no se tienen tantas cosas en común con esos "amigos" como se pensaba y que convenga replantearse el papel que ocupan en la vida.

10 QUE EN LA VIDA SIEMPRE HAY SITIO PARA MÁS AMIGOS

Enseguida se ve lo fácil que es hacer amigos cuando se viaja en solitario. Muchos de los que se hagan durante el viaje acabarán siéndolo de por vida. Hay que mostrarse receptivo a otros viajeros que rompan el hielo y a averiguar qué los ha llevado al mismo sitio que se está visitando: es probable que se tenga algo en común.

ANTES DE PARTIR

PLANIFICAR EL ITINERARIO

¡Enhorabuena! Ya se ha superado el primer escollo –tomar la decisión de partir– y se puede empezar a planificar. Cada viajero tiene su propia forma de hacerlo, desde improvisar sobre la marcha hasta planificar cada detalle. Viajar en solitario ofrece la flexibilidad de cambiar el itinerario a placer, pero a los primerizos les convendrá planificar un poco con antelación para asegurarse un viaje menos estresante.

¿QUÉ SE ESPERA DEL VIAJE?

Antes de decidir dónde ir, es importante pensar qué se espera del viaje, ya que puede tener mucho peso al elegir el destino. Hay que preguntarse: ¿quiero relajarme o descubrir cosas nuevas? ¿Es un viaje de autoconocimiento o de autodesarrollo? ¿Quiero pasar tiempo a solas o rodearme de gente? ¿Quiero aprender a hacer algo nuevo? Tal vez sea una mezcla de distintos motivos.

ELEGIR EL DESTINO

El precio suele ser clave a la hora de elegir el destino. Los países pueden clasificarse, a grandes rasgos, en tres niveles de precio. Australia, Canadá, Japón, Nueva Zelanda, Reino Unido, Estados Unidos y casi toda Europa occidental (sobre todo, Escandinavia) están en el nivel más alto. El que lo sigue incluye muchos países de África continental, China, Europa del Este, Corea del Sur, Rusia, Singapur y los países más meridionales de Sudamérica (Argentina, Brasil, Chile, Uruguay). Estos países suelen tener uno o dos aspectos baratos, como la comida y, en algunos casos, el alojamiento, pero otros precios pueden ser altos. El nivel más barato incluye el resto del mundo en vías de desarrollo. Gran parte del sureste asiático, el subcontinente indio, casi toda Centroamérica y el resto de Sudamérica son, en general, más aptos para bolsillos de mochileros, y el precio de casi todo –comida, alojamiento y transporte– es inferior al de cualquier país occidental. Dicho esto, si va a ser un viaje corto, tal vez sea más barato ir a un país o ciudad más caros, pero más cercanos, que ir a un destino más barato pero más lejano.

Además del precio, es importante tener en cuenta la confianza y seguridad. ¿Cómo se afronta el reto de viajar a un país cuyo idioma se desconoce? ¿Se va a estar todo el rato de los nervios si se elige una zona con más riesgos para la seguridad que el lugar de origen? Si la respuesta es afirmativa, pero aun así se desea ir a ese sitio, tal vez un viaje organizado (p. 117) sea la mejor opción.

© DAVE AND LES JACOBS / GETTY IMAGES

EL FACTOR TEMPORAL

Si el viaje no está determinado por el dinero, sí que lo está por el tiempo. Hay que considerar varios factores a la hora de elegir el mejor momento para viajar. En primer lugar, es importante asegurarse de que sea factible visitar los destinos elegidos en el tiempo del que se dispone. Tratar de meter cuatro países europeos en una sola semana puede dejar con la sensación de no haber conocido de verdad ninguno de ellos, mientras que dedicar quince días a París puede hacer que al viajero le entren los nervios tras la primera semana.

También es importante pensar en la época ideal para viajar al destino elegido: ir a Filipinas en época de tifones tal vez no sea lo mejor para unas vacaciones de buceo o excursionismo, mientras que visitar un país musulmán en Ramadán podría suponer dificultades para comer durante el día. Quizá la zona que se quiera conocer sea políticamente inestable y el seguro no lo cubra si se pretende ir allí en un momento determinado, o quizá se tenga alergia al polen y el destino elegido esté en plena época de floración.

CONSEJO

"Al preparar el itinerario de viaje, hay que comprobar siempre si van a celebrarse grandes eventos durante la estancia. Puede ser cualquier cosa, desde festivales de música y competiciones deportivas hasta festividades, todo lo cual puede disparar significativamente los precios de vuelos y alojamientos, debido a la gran demanda. Viajar en temporada alta, como en vacaciones escolares, puede tener el mismo efecto. Si no se va a viajar para asistir a un evento determinado o porque se es docente y se está de vacaciones, ¡el bolsillo agradecerá que se elijan otras fechas!". STEPHANIE PARKER, BLOGUERA DE VIAJES, BIGWORLDSMALLPOCKETS.COM

© FRANCISCO GONÇALVES / GETTY IMAGES

Planificación del viaje en solitario: la gran aventura

☐ UN AÑO ANTES

¡A soñar! Hay que pensar en el sitio al que siempre se ha querido ir e inspirarse en guías, revistas, webs y blogs de viajes en solitario.

☐ NUEVE MESES ANTES

Ya se tendrá bastante claro el dinero del que se podrá disponer, así que se puede comparar el presupuesto (p. 24) con la lista soñada de destinos a los que resultaría cómodo viajar en solitario.

☐ SEIS MESES ANTES

Es el momento de plantearse si ir con un viaje organizado y comparar las opciones y disponibilidad de este con las fechas elegidas, tras calibrar los compromisos personales y tener en cuenta el mejor momento –según la propia opinión– para visitar los destinos elegidos.

IZQUIERDA El festival Holi es una explosión de color.

☐ CUATRO MESES ANTES

Reservar los billetes de avión, circuitos o festivales, pedir los visados y concretar una versión –muy general– del itinerario (qué días en qué sitio, para viajes con varias etapas). También se puede empezar a preparar la terminación del contrato de alquiler actual, si procede, y el almacenamiento (o venta) de cosas.

☐ DOS MESES ANTES

Elegir el momento adecuado para pedir vacaciones o despedirse del trabajo. Es aconsejable informarse sobre el destino inicial, reservar el alojamiento de las primeras noches y pensar dónde ir después. También hay que ir mirando el seguro de viaje (p. 47), el plan B para disponer de dinero (p. 28) y las vacunas (p. 42).

☐ UN MES ANTES

Ya en la cuenta atrás de los 30 últimos días, pueden usarse las redes sociales para enterarse de próximos eventos y sitios donde comer y beber, o incluso para buscar amigos –o unirse a otros viajeros en solitario– cuyo itinerario se cruce con el propio.

TEST PARA VIAJEROS EN SOLITARIO

¿No sabes por dónde empezar?
Haz este test para saber qué tipo de viaje te conviene.

1. ¿CUÁL ES TU COMIDA CALLEJERA FAVORITA?

a) Escorpiones fritos. ¿Por qué no?
b) Tacos. ¿A quién no le encantan?
c) Lo que estén comiendo los demás.
d) Lo que se parezca a un perrito caliente.

2. ¿CUÁL ES TU PRINCIPAL TEMOR?

a) Aburrirte.
b) Perderte.
c) Comer a solas.
d) Perder el equipaje.

3. ESTÁS DE VACACIONES. ¿QUÉ CALZADO PREFIERES?

a) Botas de senderismo.
b) Nada.
c) Sandalias elegantes.
d) Tacones.

4. ¿QUÉ TIPO DE MALETA LLEVAS DE VACACIONES?

a) Una mochila grande donde quepan una mosquitera y las gafas de bucear.
b) Una mochila pequeña y ligera que no te retrase.
c) Un maletón con ruedas que te cuesta llevar.
d) Una maletita de cabina para no tener que facturar.

5. TU COMPAÑERO NO QUIERE IR A UN MUSEO QUE TÚ TE MUERES POR VER. ¿QUÉ HACES?

a) Quedáis en veros luego y vas solo.
b) Te dejas llevar; ya volverás en otro momento.
c) Pasas del tema y te quedas con tu colega.
d) Lo convences de que te espere mientras lo visitas rápido.

6. ¿QUÉ TIEMPO PREFIERES PARA LAS VACACIONES?

a) Da igual, mientras puedas hacer las actividades que quieras.
b) Mucho calor y un cóctel al lado.
c) Agradable.
d) Bah, llevas ropa para todo.

7. ¿QUÉ ACCESORIO ES MÁS PROBABLE ENCONTRAR EN TU COCHE?

a) Saco de dormir, por si surge dormir en el campo.
b) Gafas de sol de repuesto.
c) Cargador de móvil; no puedes desconectar.
d) Dinero en metálico para compras de emergencia.

8. ¿CUÁL ES TU LIBRO FAVORITO SOBRE VIAJES EN SOLITARIO?

a) *Hacia rutas salvajes*, de Jon Krakauer.
b) *La playa*, de Alex Garland.
c) *En el camino*, de Jack Kerouac.
d) *Fiesta*, de Ernest Hemingway.

9. EN UNA EMERGENCIA, ¿QUÉ SUELES HACER?

a) Intentar ser un héroe.
b) Mantener a todo el mundo en calma.
c) Pedir la ayuda de un testigo.
d) ¡Correr! Tienes cosas que ver.

10. VAS A DAR UNA CENA. ¿CUÁL ES EL MENÚ?

a) Un curri exótico que aprendiste a hacer en tu último viaje.
b) Cualquier cosa que pueda hacerse a la barbacoa.
c) Picoteo para compartir.
d) Cualquier cosa que encargues.

11. ¿CON QUÉ ANIMAL TE IDENTIFICAS?

a) Elefante.
b) Tortuga.
c) Suricata.
d) Perro.

12. TIENES UNA SEMANA LIBRE. ¿QUÉ HACES?

a) Aprovechas para explorar el vecindario.
b) Te sientas junto a una piscina con un buen libro.
c) Invitas a los colegas a tomar algo en casa.
d) Vas por fin a la peluquería.

13. ¿QUÉ TE PROVOCA UN SUBIDÓN DE ADRENALINA?

a) El heliesquí.
b) Bucear en superficie.
c) Una montaña rusa.
d) Correr para que no se escape el autobús.

14. ¿QUÉ RECUERDO ES PROBABLE QUE TRAIGAS DE UN VIAJE?

a) Un tatuaje tribal.
b) La arena que no pudiste quitar de la mochila.
c) Muchos amigos de Facebook.
d) Joyas.

15. ES FIN DE SEMANA. ¿QUÉ BEBES?

a) La cerveza artesana de nombre más raro que tengan de grifo en el bar.
b) Cualquier cosa con sombrillita.
c) Compartes una botella de tinto.
d) ¡Pues chupitos! ¡Es sábado noche!

16. ¿CUÁL ES TU TRANSPORTE PÚBLICO FAVORITO?

a) El *rickshaw*, solo porque es divertido.
b) Caminar, porque prefieres el aire libre.
c) El autobús, porque es más fácil hablar con la gente.
d) El tren, porque es cutre pero rápido.

17. ¿QUÉ SITIO PREFERIRÍAS PARA VIAJAR SOLO?

a) Groenlandia, porque no conoces a nadie que haya estado allí.
b) Bali, porque suena a paraíso tropical.
c) Irlanda, porque dicen que allí la gente es muy cordial.
d) París, porque es París.

18. ¿CON QUÉ TIPO DE CÁMARA VIAJAS?

a) La última GoPro.
b) La del iPhone, por los filtros.
c) Una de estilo Polaroid, por las fotos en grupo.
d) Una réflex digital, por la calidad.

19. ¿QUÉ ES LO QUE MÁS DISFRUTAS HACIENDO EN SOLITARIO?

a) Una ruta de excursionismo larga y bonita.
b) Un baño.
c) Cocinar para los amigos o la familia.
d) Deambular por museos.

20. ¿QUÉ ES PARA TI UN CHOQUE CULTURAL?

a) A ti es difícil impresionarte.
b) Las imágenes y olores de un mercado de pescado local.
c) Viajar por un país cuyo idioma no hablas.
d) Bichos y sanguijuelas. ¡Puaj!

RESULTADOS POR AQUÍ →

RESULTADOS

MAYORÍA DE A
AVENTURAS EN SOLITARIO

No puedes evitar tu curiosidad insaciable por el mundo, así que ¿por qué no alimentarla? Desde hacer senderismo en ciudades antiguas de Sudamérica (p. 101) hasta ver de cerca los depredadores más mortíferos de África (p. 117), hay un millón de opciones. Pero no te tires aún de cabeza al mundo salvaje. Si es tu primer gran viaje en solitario, opta por una aventura asequible, un viaje que calme tu ansia de adrenalina sin ponerte en peligro. Es más importante que nunca meter sensatez en la mochila; en la p. 38 verás algunos consejos.

MAYORÍA DE B
ESCAPADA A ISLA PARADISÍACA

¿Quién dice que las escapadas a islas tropicales son solo para parejas? Hay muchas islas tropicales en el mundo –desde Cayo Corquer, en Belice (p. 132), hasta Ko Tao, en Tailandia– perfectas para quienes viajan solos. Aprovecha el viaje para hacer ese curso de buceo que siempre has querido hacer o disfruta sin más de la libertad de sentir la arena bajo los pies, de atardeceres impresionantes para tu Instagram y de echarte la siesta cuando quieras.

MAYORÍA DE C
VIAJE ORGANIZADO REDUCIDO

Te gusta estar con más gente y que te lleven de la mano (hasta cierto punto). Lejos de ser una "opción fácil", sumarse a un viaje organizado puede ser lo mejor para viajeros en solitario nerviosos que disfrutan de la comodidad y seguridad de viajar en grupo (p. 88), así como de la libertad de meterse de lleno en la experiencia mientras otra persona se encarga del itinerario. Las comidas son ideales para quienes no quieran sentarse a la mesa solos.

MAYORÍA DE D
ESCAPADA URBANA

Los viajes para ti han de ser rápidos y fáciles. De ahí que las escapadas urbanas te vayan tan bien: puedes vivir nuevas experiencias con pocas probabilidades de sentirte solo y sueles llevar tu ropa de calle de siempre, por lo que hacer la maleta es pan comido. Disfruta de tiempo a solas alojándote en un hotel (derrochando incluso en el servicio de habitaciones) o ahorra y conoce gente optando por un albergue. En la p. 129 verás la mejor guía para viajar en solitario a Portland (EE UU).

© JUSTIN FOULKES / LONELY PLANET

© MATT MUNRO / LONELY PLANET

DINERO Y PRESUPUESTO

Aplicar una estrategia para el presupuesto y tener a buen recaudo el dinero del viaje son actitudes fundamentales a la hora de preparar un viaje sin problemas que no someta el futuro económico a un peligro innecesario. He aquí todo lo que hay que saber.

$ ¿CUÁNTO DINERO SE VA A NECESITAR DE VERDAD?

Una vez elegido el destino, puede hacerse una pequeña investigación en internet sobre cuánto dinero hace falta para apañárselas cada día. Los blogs de viajes son un buen sitio para empezar: Gilles Barbier (grandescapades.net) publica precios detallados de más de 40 países y zonas a las que ha viajado, mientras que Nick y Dariece Swift (goatsontheroad.com) ofrecen desgloses bien organizados sobre países del sureste asiático, dirigidos a parejas y personas que viajan solas.

$ ¿DÓNDE SE VA A DORMIR?

Si se pretende viajar sin gastar mucho, ¿es realista prever en el presupuesto una habitación en dormitorio colectivo todas las noches del viaje? Si al viajero le cuesta conciliar el sueño, tal vez deba sumar un extra que cubra el precio de una habitación individual de vez en cuando.

$ ¿DÓNDE SE VA A COMER?

Si uno pretende vivir a base de comida callejera o cocina local normal, es mejor asegurarse de que sea factible hacerlo durante todo el viaje: hay un límite en la cantidad de arroz frito que la mayoría de viajeros puede comer. Conviene recordar que algunos países añaden unos impuestos importantes a los precios de la comida en los restaurantes, como el sistema "plus plus" de Singapur.

$ ¿Y LA BEBIDA?

Hay que acordarse de meter el precio de la bebida en el presupuesto de comidas. Ya se tenga por vicio el café o la cerveza artesana, una sola ronda puede costar igual que una comida, si no más, en algunos países.

$ ¿CÓMO SERÁN LOS DESPLAZAMIENTOS?

Es importante tener una buena idea desde el principio del tipo y precio de las actividades que se desean hacer en el viaje, al preparar el presupuesto. Si se va con un viaje en grupo reducido, ¿hay actividades opcionales en el itinerario que tal vez se quieran hacer, a cambio de un suplemento en el precio? Si se pretende bucear, ¿cuánto costará cada inmersión? Una inmersión de recreo en Indonesia puede costar solo 35 US$, pero el triple en Australia.

$ ¿SE VA A TRABAJAR MIENTRAS SE VIAJA?

Trabajar por internet o parar en algún sitio para ofrecer las habilidades propias a cambio de alojamiento puede aligerar el presupuesto, pero no está hecho para todo el mundo. Hay que plantearse cuánto trabajo permite hacer el itinerario y si la cantidad que se puede ganar o ahorrar compensa el tiempo que ha de sacrificarse para ello. Véase en la p. 69 una guía para trabajar durante el viaje.

$ DEFINIR UNA ESTRATEGIA PRESUPUESTARIA: LA REGLA DEL 50/30/20, REMASTERIZADA

Tal vez ya se conozca la regla del 50/30/20 para los gastos del día a día, que propone destinar el 50% de los ingresos a los gastos básicos (alquiler, facturas, etc.), el 30% a los "caprichos" (ese par de zapatos nuevos al que se ha echado el ojo) y el 20% a ahorrar. Cuando se está ahorrando para un viaje, esta regla se puede cambiar a fin de economizar más dinero y con mayor rapidez, según Bessie Hassan, experta en economía en finder.com, página web internacional de comparativas.

"No hay una regla universal para definir una estrategia presupuestaria, pero asignar el 50% de las ganancias a los gastos básicos, el 30% a ahorrar para el viaje y el 20% a los 'caprichos' es un método prudente con el que se pueden ver crecer los ahorros –dice Hassan–. Incidir más en el porcentaje de los ingresos que va al ahorro y menos en lo que se gasta en 'caprichos' es una táctica para lograr el objetivo de ahorro."

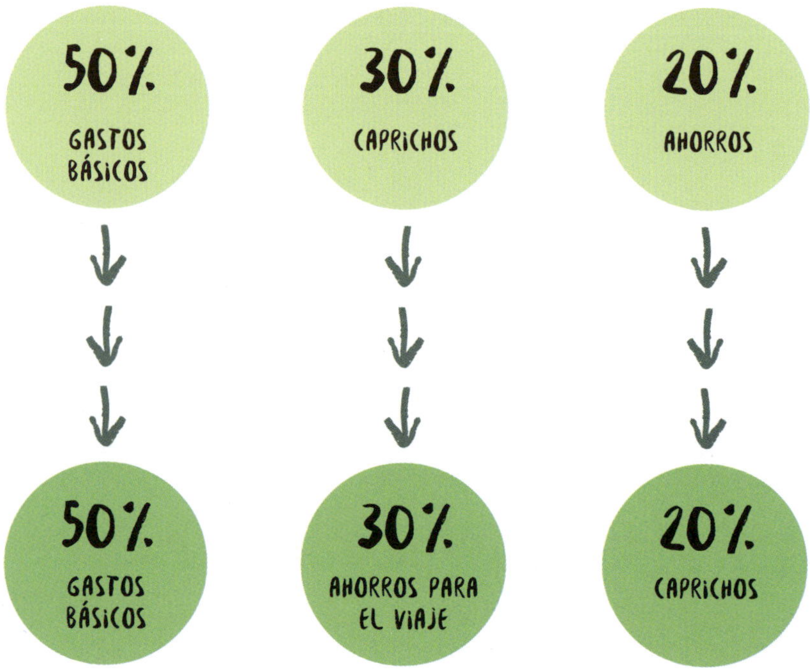

$ CÓMO EVITAR PAGAR DE MÁS POR IR SOLO

Pocos insultos hay peores para quien viaja en solitario que verse ante la perspectiva de tener que pagar un suplemento por ir solo al reservar el viaje. Este temido recargo –que puede llegar al 100%– se aplica cuando una persona ocupa una habitación que puede albergar a dos, por lo que, en la práctica, se acaba pagando por un compañero invisible. Para evitar este gasto, se pueden seguir estos útiles consejos:

NEGOCIAR

Si se reserva en una época en la que el hotel o el circuito no van a estar completos u ofrecen precios especiales, se puede hablar con la empresa para pedirle que no aplique el recargo por ir solo; igual funciona.

VIAJAR EN TEMPORADA BAJA O MEDIA

Habrá más poder de negociación con hoteles y empresas fuera de la temporada alta del destino, así que conviene intentarlo. Cuando la ocupación del hotel es baja, las empresas suelen estar más dispuestas a dar una habitación doble por el precio de una individual, antes que dejarla vacía del todo. Y lo mismo con los circuitos: si no se está vendiendo mucho, la empresa tal vez esté dispuesta a renunciar al suplemento por ir solo.

RESERVAR CON UNA EMPRESA ESPECIALIZADA EN VACACIONES PARA PERSONAS SOLAS

Estas empresas pueden ofrecer la opción de compartir habitación con otra persona que viaje sola o una habitación de uso individual por un suplemento mínimo o nulo. Sin embargo, un inconveniente para viajeros más jóvenes es que muchas empresas especializadas en viajes en solitario están orientadas a viajeros maduros. Una excepción es Exodus Travels (exodustravels.com), que ofrece fechas de salida para viajeros en solitario en sus circuitos más populares dirigidas a viajeros de 16 años o más.

PLANTEARSE COMPARTIR HABITACIÓN

Muchas empresas ofrecen buscar un viajero del mismo sexo para compartir habitación. Lo mejor que puede pasar es que no encuentren compañero y se consiga una habitación de uso individual sin tener que pagar un suplemento. Más de la mitad de los pasajeros que viajan con Intrepid Travel (intrepidtravel.com) y Contiki (contiki.com) lo hacen en solitario; ambas empresas ofrecen esta opción. Ya con más lujos, Abercrombie & Kent (abercrombiekent.com) exime del suplemento en determinados viajes.

$ EFECTIVO, TARJETA, CHEQUES DE VIAJE: ¿CÓMO SE VA A PAGAR?

Está muy bien tener un montón de billetes ahorrados para viajar, pero conviene organizar el dinero para poder acceder a él de forma fácil y segura durante el trayecto. Cuantas más formas se tengan de acceder al dinero, más flexibilidad habrá si uno de los recursos deja de estar disponible; hay que asegurarse de saber qué táctica usar y cuándo.

EFECTIVO

Viajar con un fajo de efectivo siempre es peligroso, pero puede resultar útil guardarse bajo la manga una reserva de moneda local (o de una moneda que sea fácil de cambiar, como US$, la segunda moneda oficiosa en muchos países) en billetes pequeños, para casos de emergencia. Siempre es más barato pedir la divisa en casa que usar un cajero automático u oficina de cambio al llegar, según Hassan.

"Las oficinas de cambio de los aeropuertos son famosas por tener los tipos de cambio menos favorables, ya que están bien situadas y saben que la gente necesita rápido la moneda local y que no suele comparar opciones", dice Hassan.

TARJETAS DE DÉBITO Y CRÉDITO

Viajar con la tarjeta de débito y/o crédito habitual puede parecer una buena opción –sobre todo si se acumulan millas de vuelo cada vez que se usan–, pero los costes pueden dispararse.

"Las tarjetas llevan una serie de comisiones –dice Hassan–. Aunque sacar dinero de un cajero puede ser gratis, es posible que se cobren intereses por el adelanto de efectivo, lo que implica que se pagará alrededor del 20% de interés desde el momento en que se retire el efectivo."

"También hay que tener cuidado con las comisiones por transacciones internacionales y la aceptación internacional, ya que algunas tarjetas no se aceptan en determinados destinos", añade Hassan. Hay que buscar tarjetas que pertenezcan a la red Global ATM Alliance.

CINCO COSAS QUE HACER ANTES DE USAR LA TARJETA EN EL EXTRANJERO

★ Avisar al banco de que se pretende viajar, para que no cancele la tarjeta si observa una actividad sospechosa.

★ Configurar los débitos directos, para seguir cumpliendo con las obligaciones financieras sobre los gastos.

★ Ver cuántos días sin intereses hay en la tarjeta, para evitar comisiones por retraso en los pagos al volver a casa.

★ Plantearse abrir una cuenta vinculada a la que nadie pueda acceder en caso de robo de tarjeta.

★ Preguntar al banco si puede facilitar una tarjeta extra para la cuenta, en caso de que la habitual se estropee.

CONSEJO

"Me gustan mucho las tarjetas de viaje. Puedes cargarlas previamente con una cantidad determinada, los bancos no las cancelan por uso irregular y a menudo es posible conseguir una de repuesto para usarla por si acaso (yo guardo la mía en la maleta grande), por lo que, si te roban o pierdes la cartera, la pérdida económica será menor y seguramente puedas seguir accediendo al resto de dinero que tienes en la cuenta con la tarjeta de repuesto." NICK HEWITT, ESPECIALISTA EN MARKETING DE VIAJES

TARJETAS DE VIAJE

En lugar de depender solo de la tarjeta de débito o crédito normal, conviene plantearse usar esta junto con (o en lugar de) una tarjeta de viaje que se puede recargar antes de salir y durante el trayecto.

"Usar una tarjeta de viaje puede ser útil para viajeros avispados que quieren garantizarse un tipo de cambio favorable o evitar comisiones como la de conversión de divisas o retirada de efectivo en cajeros", dice Hassan. La mayoría de tarjetas de viaje no tienen los números en relieve, lo que reduce las posibilidades de que alguien la duplique.

Hassan aconseja, sin embargo, comprobar si hay costes ocultos antes de elegir una tarjeta de viaje. "Al comparar las tarjetas de viaje prepago, hay que mirar la comisión de la carga inicial, las de recarga, las de retirada de efectivo en cajeros, las de conversión de divisas y las de inactividad –dice–. Por ejemplo, muchos no sabemos que se puede cobrar una comisión por inactividad si no se usa la tarjeta en los 12 meses posteriores a darla de alta, por lo que hay que leer bien las condiciones. Por último, si se va a viajar a varios destinos, conviene asegurarse de que la entidad de la tarjeta admita las monedas locales."

CHEQUES DE VIAJE

La proliferación mundial de cajeros automáticos ha hecho que los cheques de viaje estén ya casi obsoletos. Ya no se aceptan en tantos sitios como antes y cambiarlos por efectivo puede implicar mucha burocracia y papeleo. Pero tienen sus ventajas: los aceptan bancos y oficinas de cambio de divisas de todo el mundo y son fáciles de sustituir en caso de pérdida o robo. Siempre que nos acordemos de anotar los números de serie de los cheques y el número de teléfono de emergencia, podemos conseguir cheques nuevos en cuestión de días, aunque tal vez haya que viajar a una agencia local para recogerlos. Thomas Cook y American Express son las marcas más aceptadas, pero, antes de comprar los cheques, conviene preguntar al emisor si se aceptan en el destino elegido y en qué moneda deben extenderse. En caso de duda, conviene llevar cheques en dólares estadounidenses. También es recomendable llevar billetes distintos y guardar los recibos aparte de los cheques.

10 IDEAS PARA AHORRAR DINERO

Quien se tome en serio lo de ahorrar para viajar debe hacer ciertos sacrificios, algo que no es siempre fácil ni divertido. Dicho esto, ahorrar la cantidad prevista puede ser uno de los aspectos más gratificantes de todo el proceso. Y es que no hay nada como sentarse en un avión, a punto de empezar un viaje único en la vida, sabiendo que todo es gracias al propio esfuerzo.

Stephanie Parker, directora de bigworldsmallpockets.com, blog de viajes para presupuestos ajustados, es una experta en verse en ese asiento de avión. Aquí comparte sus 10 mejores consejos para quien quiera hacer lo mismo.

1 HACER NÚMEROS

A la hora de ahorrar, tener claro el objetivo económico es un primer paso estupendo. Para que dicho objetivo sea más manejable, puede dividirse entre el número de meses (o incluso semanas) que quedan hasta la fecha de partida prevista. Descomponer de este modo el objetivo de ahorro hará que parezca más viable. Así se tendrá una idea clara de cuánto hay que ahorrar cada vez que llegue la paga.

2 DESVIAR FONDOS A UNA CUENTA DE AHORROS

Otro consejo es abrir una cuenta por internet y ponerle un nombre que motive, como "¡Me largo de aquí!". El saldo de la cuenta normal debe ser siempre un número redondo, por lo que el sobrante se envía a la de ahorros. Por ejemplo, si la cuenta tiene 34 US$, se pasan 4 US$ a la de ahorros. Es sorprendente lo poco que se echan en falta esos dólares extra ¡y todo suma!

6 VENDER COSAS

Quitarse de encima cosas que ya no se quieren puede ser una forma estupenda de conseguir un poco de dinero. En los grupos de Facebook de compraventa en la zona y páginas web como ebay.com, mercadolibre.com y wallapop.com se pueden vender libros, ropa, muebles, material deportivo, etc. Vender cosas permite ahorrar también en gastos de almacenamiento.

7 DEJARSE NOTAS

Pegar en la tarjeta de crédito una nota que diga "¿Quieres viajar o no?" es estupendo para sentirse culpable y restringir el gasto. Cada vez que vaya a pagarse algo, la nota obligará a pensárselo dos veces.

3 USAR UNA HUCHA

Además de ir recargando una cuenta de ahorros, se puede adoptar la costumbre de meter las monedas de gran valor directamente en una hucha. Las que hay que romper para abrirlas son las mejores, porque eliminan la tentación de tocar los ahorros demasiado pronto.

4 CAMBIAR LOS HÁBITOS DE COMIDA

Si se tiene en cuenta que con lo que cuesta comer en un restaurante de Nueva York, Londres o Sídney se puede viajar varias semanas por Nicaragua, es lógico intentar recortar en comer fuera. Aunque solo se compre un bocadillo al día, sigue siendo un buen dinero a la semana que podría ir para el viaje. Los boletines de noticias de los supermercados son una buena forma de estar al tanto de las promociones. También es importante no ir a comprar con hambre.

5 REPLANTEARSE LA BEBIDA

Si es imposible dejar el alcohol, al menos hay que intentar limitar el consumo y plantearse invitar a los amigos a casa para tomar algo en lugar de ir a un bar. Tampoco hay que olvidar los cafés y batidos: en lugar de gastar 4 US$ al día, pueden prepararse en casa y ahorrar casi 2000 US$ al año, con lo que es posible vivir al menos dos meses en Tailandia. Si no se puede prescindir del café diario, un exprés suele costar la mitad que uno con leche.

8 BUSCAR COSAS GRATIS

Una vez que se ha decidido ahorrar, es más fácil ver la de cosas gratis que pueden hacerse. En casi todas las ciudades hay museos y galerías gratuitos (o con entrada gratis ciertos días del mes) y en los entornos rurales hay paseos por la playa, baños en pozas con cascadas y bosques, que también pueden disfrutarse sin pagar.

9 PROBAR LA ECONOMIA COLABORATIVA

La economía colaborativa es fantástica para ahorrar y ganar dinero. Tal vez puedan reducirse gastos apuntándose a un servicio para compartir el coche (como Lyft, en EE UU, o blablacar) o acudir a un evento de trueque para cambiar prendas viejas por material que se necesite para viajar. Se puede ahorrar incluso más dedicando unas horas a la semana a montar muebles o repartir folletos a través de servicios como Airtasker.

10 REPLANTEARSE EL SEGURO

A lo mejor se está pagando demasiado por el seguro sanitario, el del coche o el de la casa. Conviene consultar en páginas web que hacen comparaciones y asegurarse de no estar recibiendo un trato injusto. También se pueden comparar pólizas de seguros de viaje: a lo mejor se puede conseguir una buena oferta contratando todos los seguros con la misma compañía.

RESERVAR EL VIAJE

Una vez hechas las búsquedas pertinentes, toca reservar los billetes. Antes de empezar a teclear "skyscanner.com" en el navegador web o escabullirse a la agencia de viajes, conviene pensar en lo que de verdad es imprescindible reservar con antelación. También se puede ahorrar un poco haciendo las reservas de una manera determinada o en un momento concreto.

¿QUÉ PARTE DEL VIAJE HAY QUE RESERVAR?

Si se pretende hacer un viaje corto, conviene reservar el billete de vuelta, el alojamiento y las actividades que exijan reserva previa, para no perdérselas ni desperdiciar tiempo en colas y demás al llegar, aunque hay que procurar no sobrecargar la agenda y dejar un cierto margen para picotear en mercados callejeros o pasarse por un bar chulo de la zona con el grupo de amigos del albergue.

Si se tiene más flexibilidad con la fecha de regreso, se puede reservar solo un billete de ida o, al menos, con flexibilidad para cambiar la fecha de vuelta o la ruta. Al reservar por lo menos el alojamiento de una noche en un barrio en el que se prevea pasar varios días, se elimina el estrés de tener que buscar al llegar; si se reservan dos o tres noches, se puede ir aún más tranquilo, ya que no habrá que buscar otro alojamiento si el de la primera noche está lleno para las siguientes.

© PIXELFIT / GETTY IMAGES

¿CÓMO RESERVAR?

Con los cientos de páginas web de reservas que hoy en día tenemos al alcance de la mano, las agencias de viajes parecen tan obsoletas como los mapas en papel. Pero no hay que descartarlas del todo. Las agencias tienen acceso a ofertas y programas especiales que no están disponibles para todo el mundo, por lo que a menudo encuentran vuelos y alojamientos más baratos que un particular, entre otras ventajas, como comidas gratis y posibilidad de dejar la habitación más tarde. Además, ofrecen asesoramiento experto y la comodidad de hacerlo todo en el mismo sitio y tener a quien recurrir en caso de imprevistos durante las vacaciones. Dicho esto, reservar uno mismo puede resultar a veces más barato y suele dar la oportunidad de comparar entre más opciones de las que ofrecen las agencias. Conviene comparar para encontrar la mejor oferta.

© JAG IMAGES / GETTY IMAGES

¿CUÁNDO ES MEJOR RESERVAR?

Suele creerse que, cuanto mayor sea la antelación, más barato será el viaje, pero no siempre es así. La mayoría de los sistemas de las aerolíneas no están programados para ofrecer gangas más de seis semanas antes de la fecha de viaje, por lo que esos 45 días pueden ser un buen plazo para plantearse reservar. Además, hay que tener en cuenta el día en que se hace la reserva: varios estudios demuestran que, en general, es más barato reservar a principios de semana y viajar en determinados días (véase p. 35). Apuntarse a los boletines de noticias de viaje también permite acceder a ofertas que, de otra forma, pasarían desapercibidas.

10 TRUCOS PARA RESERVAR VUELOS

Clint Johnston, ex director de una ONG, vuela gratis y nunca paga el precio completo por viajar. En triphackr.com, web a la que hoy dedica todo su tiempo, desvela los trucos y consejos que ha aprendido después de viajar por más de 100 países. Aquí nos cuenta sus 10 mejores trucos para reservar vuelos.

1 RESERVAR EN EL MOMENTO JUSTO

Saber cuándo comprar un billete es clave para encontrar las mejores ofertas. Según varios estudios, el número mágico oscila entre 47 y 60 días antes de la fecha de partida, para vuelos internacionales. Las tarifas fluctúan sin parar y no hay necesidad de esperar por creer que una tarifa va a seguir bajando. Al reservar en la franja óptima, se conseguirá el mejor precio.

2 VOLAR A AEROPUERTOS ALTERNATIVOS

Los grandes aeropuertos suelen encontrarse cerca de otros aeropuertos y se puede aprovechar esta circunstancia para ahorrar en el billete. Por ejemplo, en lugar de volar a Los Ángeles, pueden buscarse otros aeropuertos que no estén muy lejos. Cerca de Los Ángeles, hay aeropuertos en Long Beach, Burbank, Ontario y John Wayne, que están en un radio de 80 km (50 millas).

6 HACERSE PASAJERO HABITUAL Y GANAR MILLAS

Si no se pertenece a ningún programa de pasajero habitual, conviene planteárselo. Hay tres grandes grupos mundiales de aerolíneas en los que las millas pueden traspasarse de una a otra. Así, si se viaja con Delta, se pueden transferir millas a KLM, porque ambas forman parte de SkyTeam. Jamás hay que desperdiciar una milla, aunque se vuele con una aerolínea por primera vez.

7 ACTIVAR ALERTAS DE PRECIOS

Antes de reservar, conviene empezar a estar pendiente, unos 2-3 meses previos a la fecha de salida. Por ejemplo, si la franja óptima para reservar es de 47-60 días antes de la salida, se deben activar las alertas de precios 90 días antes del vuelo. Si el precio de este baja mucho, se avisa por correo electrónico, con lo que se podrá reservar enseguida. En webs como Kayak y Skyscanner se pueden activar alertas de precios.

3 RESERVAR UNA ESCALA QUE EN REALIDAD SEA EL DESTINO FINAL

A las aerolíneas no les entusiasma, pero permite ahorrar dinero. Webs como Skiplagged ayudan a buscar tarifas a ciudades ocultas. Si se va de Londres a Estambul, Skiplagged buscará un vuelo con escala en Estambul. En lugar de seguir, se sale del aeropuerto en Estambul, que era el destino previsto. ¡Solo hay que acordarse de no facturar equipaje!

4 APROVECHAR LAS OFERTAS Y LOS ERRORES EN LAS TARIFAS

Si se tiene flexibilidad con las fechas, se pueden encontrar tarifas bajísimas. Hay webs como theflightdeal.com y travelpirates.com que están siempre buscando las mejores ofertas y las publican en sus canales. A menudo hay errores en las tarifas y casi todas las aerolíneas suelen respetarlos. Conviene reservar enseguida, porque no duran mucho.

5 INSCRIBIRSE A BOLETINES PARA VUELOS BARATOS

Es bueno apuntarse a los boletines de las grandes aerolíneas. Son una forma estupenda de estar al tanto de las mejores ofertas y ganar millas de vuelo y puntos de cada aerolínea.

8 GUIARSE POR EL PRECIO EN LUGAR DE POR EL DESTINO

Si se quiere viajar, pero no se tiene destino fijo, hay que empezar a buscar por el precio más bajo. Kayak ofrece la herramienta "Explore" y Skyscanner permite buscar vuelos "a cualquier lugar" cada mes, con lo que se ven los precios más bajos para una zona. Por ejemplo, si se pretende viajar a más de un país europeo, no hay por qué ceñirse a una ciudad al buscar el vuelo, cuando se puede volar, sin más, a la zona más barata para empezar el viaje.

9 USAR DATOS ANTERIORES

En algunos países, Kayak ofrece una herramienta que utiliza precios anteriores para hacer una predicción. Esta herramienta indica si es probable que un precio suba o baje en los siete días siguientes. Si el precio actual es alto, la herramienta puede aconsejar que se espere, pero, si es bajo, recomendará que se reserve ya.

10 VOLAR LOS MARTES, MIÉRCOLES Y SÁBADOS

Volar los días menos demandados es una de las formas más fáciles de ahorrar en el billete. Todo el mundo quiere viajar en viernes o domingo y poca gente está dispuesta a interrumpir su fin de semana volando en sábado. Las aerolíneas necesitan ocupar esos asientos tan impopulares en los vuelos a mitad de semana y es algo que conviene aprovechar.

EQUIPAJE

Todos los viajeros avispados saben que las decisiones relativas al equipaje pueden suponer el éxito o el fracaso de un viaje. Para quienes viajan solos, es aún más importante hacerlo bien, porque no se puede contar con otra persona que ayude a llevar la maleta o preste un objeto indispensable que se haya olvidado. Si se siguen estos pasos, nunca más habrá que depender de un compinche de viaje.

ELEGIR EL CONTINENTE ADECUADO

Al elegir el tipo de maleta, hay que pensar primero en el destino y en el tipo de viaje que se pretende hacer. Para ir de mochilero a la India, la fiel maleta de ruedas no va a servir; para una escapadita urbana, nuestra vieja amiga, la mochila enorme y polvorienta, tal vez no sea la mejor opción.

Sea cual sea el tipo de maleta elegido, conviene que sea ligero y discreto (las maletas de diseño pueden llamar la atención de los ladrones). No hay que pensar solo en el tamaño del equipaje de cabina y las restricciones de peso al comprar una maleta, sino, también, en el peso que uno puede acarrear con comodidad. Si hay que decidirse entre unas pocas opciones a la hora de comprar, conviene ir a por la que tenga mejor garantía.

CÓMO ELEGIR UNA MALETA

★ Es mejor que tenga ruedas multidirección, lo que hace que la maleta sea mucho más fácil de controlar.
★ Las cremalleras han de ser resistentes y poder cerrarse con candado. Hay quienes no cambiarían por nada los candados incorporados, aunque estos a veces pueden atascarse.
★ Hay que sopesar las ventajas de las maletas rígidas y blandas: las rígidas pueden pesar menos, pero no absorben los golpes; estas, además, pueden encajar mejor en los compartimentos superiores de los aviones.
★ Si se elige una blanda, es bueno que tenga un bolsillo exterior (mejor si puede cerrarse con candado) donde meter ropa para cambiarse después del vuelo.
★ Las maletas más caras pueden parecer más elegantes y ser más completas, pero, después de llevarlas de un lado a otro, suelen tener las mismas probabilidades de romperse que las baratas.

CÓMO ELEGIR UNA MOCHILA

★ Convienen las que se abren por delante en lugar de por arriba, para no tener que vaciarla cada vez que se necesite algo, y una correa para la cintura que permita distribuir mejor el peso.
★ Si se va a comprar una mochila con correas ajustables, se puede pedir en la tienda que las ajusten para conseguir el mejor apoyo.
★ Interesan mucho las que tienen un compartimento extraíble, que servirá de equipaje de mano si se pretende viajar ligero.
★ Es bueno asegurarse de que tenga una funda incorporada para las correas que se pueda cerrar durante el viaje, de forma que estas no se queden atrapadas en las cintas transportadoras.
★ Merece la pena invertir en una mochila de buena calidad diseñada para viajes de aventuras, ya que es probable que las más baratas tengan correas menos resistentes y peor apoyo para la espalda.

¿Y LOS BOLSOS DE VIAJE?

★ Los bolsos de viaje grandes y cilíndricos, de tejido blando, tienen cada vez más aceptación.
★ Permiten acceder fácilmente al interior cilíndrico y se pueden estrujar para meterlos en cualquier sitio.
★ Algunos traen correas para el hombro, aunque no son muy buenas para la espalda.

CÓMO HACER LA MALETA PERFECTA

Estos útiles consejos permiten ahorrar tiempo, espacio y cordura.

LA APLICACIÓN PACKPOINT PERMITE CREAR UNA LISTA A MEDIDA QUE SE PUEDE IR SIGUIENDO PARA NO DEJARSE ATRÁS LO ESENCIAL.

Se puede hacer una maleta de prueba antes del viaje para asegurarse de que cabe todo y volver a hacerla el día antes de partir, tras consultar la previsión del tiempo y adaptar a ella la lista de cosas que meter.

Conviene elegir prendas de secado rápido que no necesiten plancha. Los materiales naturales, como el bambú, el algodón, el cachemir y la lana se arrugan poco (aunque esta última tarda más en secarse). Los materiales sintéticos, como el poliéster, el Lyocell y la licra también resisten bien el aplastamiento y suelen secarse incluso antes.

Para evitar que las paletas de maquillaje se agrieten, se puede colocar un bastoncillo de algodón entre la sombra y la tapa.

LOS CUBOS ORGANIZADORES TRANSPARENTES AYUDAN A ENCONTRAR LAS COSAS EN LA MALETA Y A MANTENER SEPARADA LA ROPA LIMPIA DE LA SUCIA O LOS ZAPATOS.

NO HAY QUE LLEVAR NUNCA ZAPATOS SIN ESTRENAR, ¡GRAVE PELIGRO DE AMPOLLAS!

A menos que no se disponga de sitios para lavar (como el lavabo de un hotel) en el viaje, no hace falta llevar ropa interior para más de una semana. La desechable no es ecológica, por lo que no es la mejor alternativa.

COLOCAR UN LAZO DE COLOR LLAMATIVO, UNA ETIQUETA U OTRO IDENTIFICADOR POR FUERA DE LA MALETA AYUDA A EVITAR QUE ALGUIEN CON UNA SIMILAR SE LA LLEVE POR ERROR (PUEDE PASAR). ES RECOMENDABLE INDICAR CLARAMENTE EL NOMBRE Y LOS DATOS DE CONTACTO EN EL EQUIPAJE.

Los objetos pesados, como los zapatos, deben ir en el fondo, para que no se desplomen mientras la mochila está de pie.

Es aconsejable verter los artículos de aseo en botellitas reutilizables (mejor, con tapón de rosca, con menos riesgo de abrirse que los de presión) que, junto con la pasta de dientes y demás, pueden meterse en bolsas reutilizables de cierre hermético.

LARGA VIDA AL EQUIPAJE DE MANO

Muchos viajeros bisoños subestiman la importancia de llevar un bolso de mano de buena calidad y bien organizado. No solo reduce el riesgo de que los objetos de valor desaparezcan de la maleta, sino que también permite salir de apuros si el compañero de asiento se pone a roncar a mitad de vuelo o si –ojalá no se dé el caso– el equipaje facturado no aterriza con el viajero. Las restricciones de peso de la mayoría de aerolíneas permiten embutir lo indispensable, como:

© STYF22 / GETTY IMAGES

TODOS LOS OBJETOS DE VALOR
Si cargan mucho el bolso, se pueden llevar puestos en el avión o dejar algunos en casa.

Un pañuelo
UN PAÑUELO OSCURO O UN CHAL ESTAMPADO SON UNA MANTA PERFECTA QUE TAMBIÉN OCULTA DERRAMES DURANTE EL VUELO.

KIT PARA PASAR LA NOCHE
Que incluya tapones para los oídos y antifaz, porque en muchas aerolíneas ya no los dan gratis en clase turista.

Calcetines de compresión
LLEVARLOS EN UN VUELO LARGO REDUCE NO SOLO EL RIESGO DE SUFRIR TROMBOSIS VENOSA PROFUNDA, SINO TAMBIÉN EL DE DESARROLLAR ARAÑAS VASCULARES Y VENAS VARICOSAS.

LECTURA
O un periódico en el que garabatear en caso de aburrimiento o retrasos.

Una muda de ropa completa
MÁS LA DOSIS DE UN PAR DE DÍAS DE LOS MEDICAMENTOS IMPORTANTES Y CUALQUIER ARTÍCULO ESENCIAL QUE SE NECESITE EN EL DESTINO, COMO EL BAÑADOR.

BOTELLA DE AGUA REUTILIZABLE
Conviene llevar una botella vacía que pueda llenarse en el aeropuerto, tras pasar por seguridad, para mantenerse siempre hidratado durante el viaje. Las de S'well (swellbottle.com) y Earth Eco Bottles (theseeksociety.com) mantienen el agua fría 24 horas.

ARTÍCULOS DE ASEO ESENCIALES
Desodorante, colutorio o cepillo y pasta de dientes de viaje, crema hidratante, pañuelos de papel y bálsamo labial. También puede ser interesante incluir toallitas faciales y una base hidratante para adecentarse antes de llegar.

14 OBJETOS QUE TODO VIAJERO EN SOLITARIO DEBE LLEVAR CONSIGO

Junto con un botiquín bien surtido (p. 45), estos artículos ayudan a viajar en solitario como todo un profesional.

1. LINTERNA FRONTAL DE BUENA CALIDAD

Nadie quiere ser el típico que enciende la luz en un dormitorio colectivo a las 3 de la mañana porque se le ha olvidado llevar una linterna frontal. Son muy útiles en las excursiones de varios días, cuando no se va a tener electricidad de noche, pero quienes viajen con más lujos no deben descartarlas, porque pueden necesitarlas si la luz de la habitación del hotel es insuficiente.

2. MÓVIL LIBERADO

Tener una tarjeta SIM local puede facilitar mucho la vida durante el viaje; además, permite a quienes viajan solos estar mejor comunicados y más seguros. Pero no sirve de nada si no se tiene un móvil liberado.

3. NAVAJA SUIZA

Puede servir para todo: desde cortar fruta para el almuerzo hasta limarse las uñas, desde recortar una prenda deshilachada hasta apretar un tornillo suelto de las gafas. Debe ir dentro del equipaje facturado, eso sí.

4. BOLSAS DE PLÁSTICO Y LONA

Una buena reserva de bolsas de plástico –sobre todo, las de cierre hermético y los cubos organizadores– suele resultar muy útil, ya que sirven para todo: desde cestas improvisadas para la ropa sucia hasta impermeables de emergencia. Mejor aún, si se sustituye todo el plástico posible por bolsas de tela ligeras reutilizables, más ecológicas.

5. PAREO

Puede tener muchos usos: desde pañuelo para la cabeza hasta toalla de playa; desde sábana hasta envoltorio protector para un recuerdo de viaje frágil. Lo mejor es que son baratos y los hay en todas partes.

6. TOALLA DE VIAJE

A quien no le entusiasme usar el pareo como toalla de baño, puede llevar una toalla de viaje de secado rápido para cuando el precio del albergue no incluya alquiler de toallas, algo que pasa más de lo que se cree.

7. ADAPTADOR UNIVERSAL

Así se elimina la posibilidad de verse atrapado por enchufes extranjeros; en algunos países hay varios tipos.

8. BATERÍA EXTERNA

Útil para cargar el teléfono o la cámara sin perder tiempo mientras se viaja por sitios sin acceso a la corriente eléctrica.

9. PONCHO PARA LA LLUVIA O BOLSA DE BASURA

Si no se va a viajar a un sitio especialmente lluvioso, es aconsejable sustituir el aparatoso paraguas por un poncho ligero para la lluvia que se pueda sacar en cualquier momento si se pone a llover. Las bolsas de basura son un impermeable estupendo para la mochila.

10. CHANCLAS

Aunque no se vaya a un sitio de playa, pueden ser útiles para ir a un *spa*, proteger los pies frente a las suciedades de las duchas compartidas o, simplemente, para dar un respiro a unos pies encerrados en botas de senderismo.

11. BÁSCULA DE EQUIPAJE

Saber con exactitud cuánto pesa el equipaje antes de facturarlo evita el lío de redistribuirlo en el aeropuerto y tener que pagar de más. Los modelos más modernos pesan muy poco, por lo que se pueden llevar encima mientras se viaja.

CONSEJO

"Siempre llevo unas cuantas faldas a media pantorrilla y varias camisetas que me tapen los hombros. He estado en muchos sitios con una cultura más conservadora que aquella a la que estoy acostumbrada. Mostrar respeto por la cultura local –sobre todo, en sitios religiosos– puede ser muy útil. También ayuda a evitar posibles situaciones peligrosas en zonas en las que las mujeres que enseñen mucha piel pueden sufrir acoso."

PHOEBE LEE, BLOGUERA DE VIAJES, LITTLEGREYBOX.NET

12. ALMOHADA DE VIAJE

En viajes largos, el cuello la agradecerá. Las inflables son más convenientes, ya que no ocupan tanto sitio como las rellenas.

13. PAPEL HIGIÉNICO

Un rollo de emergencia puede venir muy bien para salir de un posible apuro; sobre todo, si se viaja a un país en vías de desarrollo.

14. CINTA AMERICANA

Útil para arreglar temporalmente desgarros en maletas, roturas en la montura de las gafas de sol o agujeros en los zapatos. También sirve para hacer una férula, evitar ampollas, formar un tapón para un lavabo, sellar recipientes de comida, etc.

SALUD ANTES DEL VIAJE

No tiene gracia enfermar cuando se viaja sin compañía. Pero, con algo de preparación, cualquiera puede protegerse de los riesgos sanitarios más usuales. No hay que olvidarse de leer la letra pequeña del seguro de viaje.

VACUNAS NECESARIAS

"Las vacunas se dividen en tres categorías: rutinarias, recomendadas y necesarias, y la clasificación varía según el destino", afirma la doctora Deborah Mills, o Deb, médica de viajes y autora de la biblia de la salud para viajeros *Travelling Well*. Deb recomienda visitar a un médico especializado en viajes entre seis y ocho semanas antes de partir, para asegurarse de tener tiempo de ponerse las vacunas necesarias; algunas (como las de la hepatitis A y la encefalitis japonesa) requieren varias dosis administradas durante un período de tiempo. La de la fiebre amarilla es la vacuna requerida con más frecuencia para viajar al extranjero; si se ha visitado una región afectada, habrá que presentar la tarjeta de vacunación al volver (o al entrar a cualquier país que exija la presentación de dicha tarjeta).

¿Y LOS BICHOS CONTRA LOS QUE NO HAY VACUNAS?

Cuando se redactó esta guía, el mundo de la medicina de viajes estaba en ebullición: se había presentado una vacuna contra la fiebre del dengue en Filipinas, habían probado con éxito una vacuna contra el ébola en Guinea y se habían iniciado ensayos en humanos en EE UU para una vacuna contra el virus del Zika. Las cifras de malaria están descendiendo en todo el mundo. No obstante, eso no significa que los viajeros deban conformarse.

"Es importante investigar para saber qué peligros sanitarios se correrán en el destino del viaje y cómo protegerse frente a ellos –dice la doctora Deb–. Si existe riesgo de transmisión de enfermedades por mosquitos, habrá que cubrirse con un repelente de insectos potente, como el DEET o la icaridina. Si el envenenamiento por metanol puede ser un problema, habrá que ceñirse a beber cerveza y evitar los licores."

Deb aconseja, además, evaluar los riesgos de la región concreta a la que se va a viajar, no del país entero. "La malaria es un riesgo en algunas partes de Vietnam, pero quien solo acuda a hacer una ruta culinaria por Hanói quizá no necesite fármacos contra la malaria." También es posible protegerse de otros bichos tomándose en serio la higiene personal. "Si el agua del grifo no es potable, tampoco servirá para lavarse los dientes", dice la doctora Deb.

© MATT MUNRO / LONELY PLANET

LA VACUNA ANTIRRÁBICA: ¿SÍ O NO?

La vacuna contra la rabia –una enfermedad mortal transmitida por la saliva, casi siempre de perros– plantea un dilema a muchos viajeros; un buen número opta por no ponerse las tres inyecciones (a menudo caras) de esta vacuna necesaria antes de viajar. Según Deb, se estará corriendo un riesgo enorme si se va a ir a una zona afectada.

"Quien no se ponga la vacuna y sufra la mordedura de un animal infectado necesitará recibir lo antes posible –lo ideal, en 24 h– la primera de hasta cinco dosis de la vacuna, aparte de una inyección de inmunoglobulina antirrábica en la herida, o morirá. Si alguien se ha vacunado y sufre una mordedura, solo necesitará dos recordatorios de la vacuna y tendrá más tiempo para acceder al tratamiento; lo normal es tardar unos cuatro días de media en recibir el recordatorio", afirma Deb.

La vacuna antirrábica suele recomendarse a gente que vaya a viajar a zonas de alto riesgo (la mayor parte de Asia y África) y a quienes tengan previsto tratar con animales (en un voluntariado, por ejemplo), aunque muchos viajeros que se mantienen alejados de los animales terminan sufriendo mordeduras. Un estudio del 2012 demostró que al menos uno de cada cien viajeros al sureste asiático recibió la mordedura de un animal.

"En muchos de los casos que he visto, el animal sorprendió al paciente –cuenta la doctora Deb–. En una ocasión, un perro mordió a un chico que no había visto al animal debajo de la mesa de un restaurante y hay personas a las que han mordido al bajarse de un taxi, sin más." No siempre es obvio que un animal está infectado; en caso de mordedura, conviene adoptar todas las precauciones.

QUÉ MEDICAMENTOS LLEVAR

La doctora Deb recomienda meter en el equipaje cualquier medicamento que se tome habitualmente (anticonceptivos o medicación contra el asma, por ejemplo), además de las medicinas específicas para el destino y el viaje aconsejadas por el médico de familia. "Incluyo en eso cualquier medicamento para tratar cualquier cosa, desde la malaria hasta el mal de altura, la cinetosis o la diarrea", añade Deb.

CONSEJO

"Nunca hay que dar por sentado que los productos de higiene personal fáciles de adquirir en el país de origen estarán disponibles en el extranjero. Se sabe que es complicado encontrar crema solar y, cuando hay, puede ser carísima y carecer de la protección UV necesaria para el destino. Yo viajo siempre también con tampones, igual de complicados de hallar en ciertos países." RIA DE JONG, AUTORA DE LONELY PLANET

NO OLVIDARSE DE LOS DIENTES

"Si se va a hacer un viaje de duración considerable, conviene concertar antes una cita con el dentista, ya que los problemas dentales pueden ser complicados y caros de tratar estando de viaje", dice la doctora Deb. Si se está pendiente de algún otro chequeo rutinario, como una citología o una revisión de la vista, resolverlos antes de partir puede ahorrar muchas molestias, literalmente.

BOTIQUIN IMPRESCINDIBLE

"Un buen botiquín debe incluir todo lo básico para tratar las cuatro afecciones más comunes en un viaje: enfermedades gastrointestinales, infecciones de las vías respiratorias, dolor y heridas", afirma la doctora Deb. Para ir a lo seguro y tratar bichos menores en ruta, se aconseja incluir en el botiquín:

+ ANTIHISTAMÍNICOS
+ CREMA O TOALLITAS ANTISÉPTICAS
+ POMADA ANTIBIÓTICA
+ APÓSITOS
+ MEDICAMENTOS ESPECÍFICOS PARA EL DESTINO O TIPO DE VIAJE (VÉASE P. 44)
+ TAPONES/BASTONCILLOS PARA LOS OÍDOS
+ MEDICACIÓN PARA EL RESFRIADO Y PASTILLAS PARA LA GARGANTA
+ DESINFECTANTE DE MANOS
+ REPELENTE DE INSECTOS (DEET O ICARIDINA)
+ ESPARADRAPO POROSO
+ TIJERAS DE UÑAS Y PINZAS
+ SALES PARA REHIDRATACIÓN ORAL
+ PARACETAMOL O IBUPROFENO
+ VENDAJE DEPORTIVO
+ PUNTOS DE APROXIMACIÓN
+ TIRITAS DE DIFERENTES TAMAÑOS (APÓSITOS PARA AMPOLLAS INCLUIDOS)
+ IMPERDIBLES
+ PROTECCIÓN SOLAR (FACTOR 30+ AL MENOS)
+ POMADA ANTIBIÓTICA TÓPICA

ÚLTIMOS FLECOS

Ya sea para una excursión breve o un viaje largo, hay pasos previos importantes que garantizarán una transición tranquila al mundo real tras regresar y servirán, además, para mantener las pertenencias seguras durante el viaje.

En el trabajo

Quien pretenda dimitir para irse de viaje no debe dejar para el último momento la notificación; existe el riesgo de perder una buena carta de recomendación. Quien solo vaya a aprovechar sus vacaciones deberá asegurarse de que el responsable las haya aprobado y trasladar a los compañeros, con tiempo, cualquier proyecto inacabado.

Hay que comprobar que el mensaje de correo electrónico para avisar de la ausencia incluya los detalles de contacto del compañero que nos suplirá durante ese período. Antes de activar el mensaje y apagar el ordenador el último día (¡yuju!), conviene mirar de nuevo el calendario para asegurarse de haber respondido a cualquier invitación a reuniones o eventos que requiera una confirmación de asistencia previa al regreso.

En casa

Para alquilar o subarrendar la casa mientras se está de viaje, habrá que contar con un plan de emergencia que incluya dejar una lista de personal cualificado de confianza y reclutar a algún amigo o agencia que se ocupe de cualquier problema en ausencia del viajero. Si la vivienda no se comparte con nadie y se prevé dejarla deshabitada, se aconseja encargar a un amigo o familiar que haga visitas esporádicas, se asegure de vaciar el buzón o encienda la calefacción de vez en cuando para evitar que se agrieten las tuberías.

Conviene asegurar los objetos de valor y, en caso de tener un seguro, comprobar que siga siendo válido aunque se almacenen las cosas temporalmente en otro lugar.

Para reducir el riesgo de robos, es buena idea invertir en interruptores con temporizador.

Pertenencias

Antes de abandonar un piso compartido o trasladar las cosas para hacer sitio a un inquilino, conviene plantearse si es mejor almacenar las pertenencias o venderlas; los costes de almacenamiento pueden acumularse rápido y quien vaya a pasar mucho tiempo fuera quizá al volver no necesite la mayoría de las cosas guardadas. Otra opción es buscar un espacio de almacenamiento que pueda cerrarse con llave en la propia casa; implicará menos gasto en dinero y tiempo que recurrir a una empresa.

No hay que olvidarse de reducir las compras durante las semanas previas al viaje y consumir los productos de la despensa en vez de comprar comida que pueda estropearse durante la ausencia.

CONSEJO

"Quien tenga previsto conducir en el extranjero deberá asegurarse de renovar el permiso de conducir si la fecha de caducidad está cerca e informarse antes de partir de si necesitará un permiso internacional (IDP). No todos los países lo exigen, pero muchos sí lo hacen. El IDP se reconoce como documento válido de identificación en más de 150 países, donde será innecesario arriesgarse a llevar el pasaporte a un bar para tomarse una copa."

TASMIN WABY, EDITORA DE DESTINOS DE LONELY PLANET

Cuestiones personales

Antes de partir, hay que pagar las facturas y dejar en orden las obligaciones fiscales. Si no se va a poder usar el teléfono móvil en el extranjero, quizá sea buena idea suspender o cancelar el contrato, y también pausar las suscripciones o membresías, además del seguro médico que no sea válido fuera del país.

Al viajar en solitario, conviene que la gente cercana conozca el destino y la duración del viaje, y tenga alguna vía de contacto. Se aconseja confiar al menos a una persona copias de todos los documentos de viaje (pasaporte, documento de identidad, detalles del seguro, reservas, tarjetas bancarias), además de volver a confirmar todas las reservas. Asimismo, hay que comunicar a las agencias gubernamentales que se va a salir del país.

EN RUTA

LLEGADA AL DESTINO

Bajarse de un avión, barco, autobús o tren en un destino nuevo –no digamos ya en solitario– suele desencadenar emociones variadas, desde una descarga de adrenalina por la emoción hasta sentimientos de puro terror. Planear ese momento dará la seguridad suficiente para disfrutar de la excitación, pero manteniendo la cabeza fría.

CÓMO LLEGAR A UN DESTINO NUEVO POR LA PUERTA GRANDE

★ Planear la llegada en horas de luz: suele ser más seguro y se reduce el riesgo de que no haya servicios de transporte desde el aeropuerto.

★ Tener reservado el alojamiento para la primera noche, o al menos saber en qué barrio alojarse, y contratar antes el traslado o investigar cómo llegar al alojamiento por otros medios, y cuánto cuesta.

★ Llevar un mapa de la zona del alojamiento o descargar uno en el teléfono para poder consultarlo si no hay conexión wifi al llegar.

★ Cuando el piloto o conductor anuncie la hora local del destino, ajustar el reloj para no tener la tentación de hacerlo en la zona de llegadas, donde no hay que perder de vista las pertenencias.

★ Informarse sobre las costumbres locales y el clima antes de partir, y tener a mano una muda que ponerse en la zona de llegadas o al llegar al alojamiento, para no rebuscar en la maleta en público si no es posible acceder a la habitación directamente.

★ Cargar en el teléfono el tipo de cambio del destino (la XE Currency App puede usarse sin conexión) por si no hay wifi al llegar, para no andar buscándolo (o peor, tratando de adivinarlo) delante del cajero automático.

★ Si no se lleva divisa local, usar un cajero o el mostrador de una oficina de cambio en el aeropuerto y hacerse con efectivo suficiente para uno o dos días, y así no tener que utilizar la tarjeta de crédito en compras pequeñas, ni verse en un aprieto si la tarjeta no es válida en algún comercio.

★ Ignorar ofrecimientos de desconocidos para cargar el equipaje (salvo que sea estrictamente necesario; en ese caso, solo si son miembros oficiales del personal que no tendrán problemas en mostrar su identificación).

★ No perder nunca de vista las pertenencias: si el equipaje va a ir en un autobús de enlace, se aconseja no sentarse hasta comprobar que lo hayan metido en el vehículo.

★ Tener mucha cautela ante ofrecimientos de desconocidos para compartir un taxi.

★ Informarse sobre el diseño y las instalaciones de la terminal, para saber qué esperar si se prevé regresar a casa desde el mismo aeropuerto.

CONSEJO

"Llegar a un sitio nuevo es a menudo la parte más estresante de un viaje en solitario. Para empezar con calma, siempre me aseguro de llevar a mano lo básico –dinero, tarjetas y mapas– antes de bajar del tren o del avión. Rebuscar visiblemente en la maleta (o en el monedero) en la zona de llegadas te hace sentirte expuesta."
ANITA ISALSKA, ESCRITORA DE VIAJES

★ Si se necesita una tarjeta SIM local, conviene plantearse comprar una en la zona de llegadas, para que esa tarea no consuma tiempo de vacaciones al día siguiente.

★ Investigar qué tiendas de alimentación hay cerca del alojamiento antes de partir y, así, no dedicar tiempo a hacerlo después de llegar con hambre (o peor, con enfado por hambre).

★ Al registrarse en el alojamiento, pedir al personal que señale en un mapa las zonas en las que es seguro (o no) deambular sin compañía. No hay que cortarse a la hora de preguntar por sitios donde comer; quizá conozcan lugares buenos que no aparezcan en la guía.

★ Una vez en el alojamiento, avisar a un amigo o familiar de que se ha llegado bien y comunicarle una forma de contacto por si es necesario.

★ Si aún es de día, salir a la calle: ayudará al cuerpo a adaptarse a la hora local. Conviene intentar no dormir hasta la hora habitual. Aunque no se cambie de zona horaria, salir y pasear sirve para refrescarse y recuperar energías.

★ Hacer fotos. Algunos fotógrafos afirman tener la mirada más fresca al llegar por primera vez a un sitio nuevo: se puede reparar en cosas que inconscientemente se pasan por alto transcurridos uno o dos días.

ADMINISTRARSE EL DINERO

La principal pesadilla de un viaje: usar un cajero automático en una zona remota del mundo y que se quede con la tarjeta. ¿Qué hacer entonces? En los bolsillos no hay más que unos billetes y el hotel está sin pagar. Siempre se puede recurrir a la misericordia ajena, pero lo mejor es tener un plan B, sobre todo si el dinero del viaje se ha ganado con sudor y lágrimas. Es crucial prepararse para la peor de las situaciones antes de salir y resulta mucho menos estresante que intentar solucionar cualquier problema en un país extranjero. A continuación, se cuenta cómo asegurarse un flujo constante –y seguro– del dinero propio en ruta.

DINERO EN EFECTIVO

La regla de oro del dinero en un viaje es no poner nunca todos los huevos (dinero) en la misma cesta (el mismo bolso o monedero), ya que un robo o despiste supondría perderlo todo. Conviene llevar efectivo para un día en algún sitio discreto y dejar el resto en un lugar seguro, como la caja fuerte del hotel, aunque estando fuera se pretenda usar sobre todo la tarjeta. Todo el mundo tiene sus trucos para ocultar una reserva de emergencia: bolsitos para el dinero, bolsillos secretos, una bolsa con cierre hermético metida en el forro de la maleta o el cartucho de un carrete viejo en el neceser. Aquí se exponen otros consejos útiles para gestionar el dinero estando en el extranjero:

★ Los dólares estadounidenses, las libras británicas y los euros son las divisas más fáciles de cambiar, sobre todo en países en vías de desarrollo. Se aconseja apartar dinero suficiente para mantenerse varios días y usar billetes de poco valor para no tener que cambiarlo todo a un tipo poco ventajoso.

★ Cambiar dinero en la calle es una forma perfecta de sufrir una estafa, sobre todo si no se conoce la divisa local. Hay que asegurarse de cambiar divisa extranjera a través de un cambista reconocido, como un banco o una oficina de cambio.

★ No hacer caso de anuncios de "cero comisiones", ya que eso no significa siempre obtener más dinero a cambio. Conviene investigar y saber exactamente cuánto dinero se va a recibir: cuanto mayor sea la cantidad, mejor será el trato.

© ROBERTO WESTBROOK / GETTY IMAGES

CONSEJO

"Hay algunos destinos en los que el efectivo es la única opción. Para viajar a un lugar así, hay que asegurarse de llevar suficiente dinero encima. Partes de África y Asia aún no están adscritas a la red mundial de cajeros (y muchas tarjetas emitidas en EE UU no funcionan todavía en Cuba), así que el único dinero disponible será el que se lleve. Incluso en algunos de los países más desarrollados del mundo –como Alemania o Japón– se sigue manteniendo una economía basada en el dinero en efectivo y muchos comercios no aceptan tarjetas." SARAH REID, ESCRITORA DE VIAJES

USO DE TARJETAS

Es buena idea llevar varias tarjetas de apoyo, por si el dinero principal desaparece. A continuación, se exponen algunos consejos para usarlas en ruta:

★ Llevar diferentes tarjetas y guardar las adicionales en la caja fuerte de la habitación con el resto de objetos de valor, para emergencias.

★ No olvidarse de las comisiones bancarias: muchos bancos cobran una comisión por cada retirada de efectivo y la mayoría ofrecen tipos de cambio bajos para tarjetas de crédito y débito.

★ Si existe la opción, pagar en moneda local con la tarjeta de débito o crédito en el extranjero, ya que las tasas del banco serán mejores que las del comerciante.

★ Tener a mano los números de teléfono de emergencia básicos, esto es, el de la policía local y el número internacional para cancelar las tarjetas si es necesario.

★ No perder nunca de vista la tarjeta. Muchas estafas con tarjetas de crédito requieren quedarse a solas con la tarjeta. Cuando no se vea el datáfono, mejor ir a lo seguro y sacar efectivo de un cajero.

★ Comprobar el diseño del teclado en el cajero. Montones de viajeros pierden las tarjetas al introducir el patrón correcto, pero los números equivocados.

★ Aparte de disponer de una tarjeta de apoyo, no hay que olvidarse de tener dinero en efectivo o cheques de viaje como respaldo. Los cajeros dependen del suministro eléctrico y de una señal telefónica, elementos nada fiables en los países en vías de desarrollo.

MAXIMIZAR LOS CHEQUES DE VIAJE

Si se llevan cheques de viaje como apoyo, habrá que usarlos con cabeza. En resumen, eso significa cambiar los cheques de cantidades más altas cuando se vaya a pasar un tiempo en una ciudad y dejar los de cantidades más bajas para el final del viaje. Los comercios locales que cambian cheques ofrecen siempre tipos de cambio más bajos que una agencia especializada. El tipo suele ser incluso inferior cuando el cheque se usa para pagar directamente una compra, así que conviene evitarlo.

ENVIOS DE DINERO

Cuando el resto falla, siempre se puede pedir a un amigo o familiar generoso que envíe dinero desde casa. Western Union y Moneygram tienen agentes en todo el mundo, y permiten recibir una transferencia desde el país de origen, aunque hay que pagar una comisión por el servicio (a veces, hasta el 30% de la transferencia).

4 APPS GENIALES PARA GESTIONAR EL DINERO DEL VIAJE

XE

Con 40 millones de descargas y subiendo, es la aplicación de cambio de divisas más descargada en el mundo. Es gratis y funciona también sin conexión, al guardar los últimos tipos de cambio actualizados para divisas previamente cargadas en el programa (hasta 10), cosa muy útil para cuando se llega a un destino nuevo y se necesita sacar o cambiar dinero, pero no se dispone de conexión a internet para comprobar los tipos del mercado.

MINT

Se trata de una aplicación de economía personal que muestra la situación de las finanzas del usuario a tiempo real, desde las cuentas bancarias y tarjetas de crédito hasta los préstamos por estudios o fondos de pensiones. Rastrea automáticamente los gastos, los clasifica y alerta al usuario cuando se acerca al límite presupuestario. Incluso se le pueden pedir consejos de ahorro personalizados. Solo está vinculada a instituciones financieras de EE UU y Canadá, aunque hay versiones similares para otros países.

TRAIL WALLET

Diseñada por la pareja responsable del blog de viajes neverendingvoyage.com, es una aplicación genial que permite organizar los gastos por viaje o por mes, establecer un presupuesto diario e ir añadiendo gastos en el momento. Solo hay que iniciar la aplicación, introducir un gasto en la pantalla de añadido rápido y listo. Al final del día, la semana o el mes, se puede consultar la pantalla resumen y ver cómo va la cosa.

SPLITTR

Si se coincide con otros viajeros en ruta y hay que dividir cuentas, Splittr es una plataforma sencilla para compartir gastos. Se pueden introducir los gastos sobre la marcha, incluido quién paga qué, y la aplicación hace el resto. Para viajes al extranjero, ofrece la facilidad de admitir cualquier divisa y se pueden mezclar divisas sin tener que hacer la conversión aparte.

CONSEJO

"Si se busca un alojamiento barato para el viaje, conviene mirar precios en línea, pero no reservar, sino llegar al albergue u hotel y preguntar si hay sitio libre (a sabiendas de que sí, porque unos minutos antes se podía hacer la reservar en línea); entonces se pide una habitación barata. Lo normal es que ofrezcan algo a un precio inferior al de internet. Este descuento es posible cuando el responsable del alojamiento no tiene que pagar una comisión al sitio web de reservas."

JACKSON GROVES, BLOGUERO DE VIAJES, JOURNEYERA.COM

ALOJAMIENTO

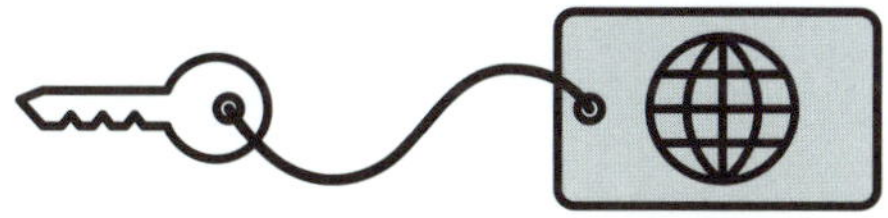

El alojamiento suele ser el mayor gasto diario. Reducir el coste puede hacer más flexible el presupuesto. No obstante, la seguridad es vital al elegir el sitio en el que alojarse.

7 CONSEJOS PARA AHORRAR EN ALOJAMIENTO

1 Llamar al hotel antes para preguntar si tienen alguna oferta mejor que la anunciada. Quizá ofrezcan descuentos.

2 Buscar ofertas para estancias de tres noches y ser flexibles con las fechas.

3 Buscar alojamiento con cocina para huéspedes y así poder preparar algo barato cuando no apetezca salir a comer.

4 Si se prevé prolongar la estancia, preguntar si el albergue ofrece pensión a cambio de unas horas de trabajo al día.

5 Optar por alojarse gratis con un lugareño mediante sitios web como couchsurfing.com.

6 Alquilar un alojamiento suele ser más barato que ir a un hotel y, a veces, que un albergue. La opción más conocida es airbnb.com, pero hay muchas otras, como roomorama.com y wimdu.com.

7 Consultar en varias páginas permite ver cómo fluctúan los precios. En Asia, agoda.com es el mejor sitio de reservas de hoteles.

8 PREGUNTAS ANTES DE RESERVAR UN ALOJAMIENTO

1. ¿QUÉ HAN DICHO OTROS HUÉSPEDES DEL SITIO?

Hay que ser cauteloso con las críticas en línea, pero por lo general permiten hacerse una idea del lugar y del servicio.

2. ¿LA UBICACIÓN ES CÓMODA Y SEGURA?

Tener que caminar 10 manzanas por una zona sospechosa hasta llegar al núcleo de transportes más cercano no es lo ideal.

3. ¿CUÁL ES EL HORARIO DE ENTRADA Y SALIDA?

Si se va a llegar temprano o a salir después de la hora límite, conviene asegurarse de que el alojamiento puede guardar el equipaje para no tener que cargar con él.

4. ¿QUÉ MEDIDAS DE SEGURIDAD HAY?

Los buenos albergues disponen de taquillas personales.

5. ¿HAY WIFI GRATIS? ¿DÓNDE?

Algunos sitios solo ofrecen wifi en el vestíbulo. Conviene leer críticas en línea para hacerse una idea de si la conexión es fiable en el alojamiento buscado.

6. ¿HAY ALGUNA COMISIÓN APARTE?

Se aconseja comprobar si el alojamiento cobra comisiones o impuestos adicionales.

7. ¿ESTÁ INCLUIDO EL DESAYUNO O HAY INSTALACIONES PARA COCINAR?

Si no, hay que asegurarse de tener un café o supermercado cerca donde comprar tentempiés.

8. ¿HAY HORA LÍMITE DE LLEGADA DURANTE EL DÍA?

Puede suponer un problema si se pretende llegar tarde o estar fuera hasta la madrugada.

NORMAS BÁSICAS DE SUPERVIVENCIA EN ALBERGUES

Al ofrecer alojamiento barato y oportunidades de oro para conocer a otros viajeros, los albergues pueden ser el mejor amigo de quien viaje sin compañía. Pero no todos son iguales. Se aconseja seguir estos pasos para sacar el máximo provecho de la experiencia.

Aprovechar el café del albergue. No pasa nada por comer en el albergue si no apetece salir en solitario de vez en cuando. Algunos tienen menús buenos y asequibles.

Cumplir las normas del lugar. Para hacer amigos, mejor usar un tono de voz bajo y no presentarse en un dormitorio compartido encendiendo la luz entre las 22.00 y las 8.00, mantener ordenadas las pertenencias, recoger lo que se ponga por medio y reservar una habitación privada si se ronca.

Elegir la cama con cabeza. Si se tiene la opción, conviene elegir una cama lejos de la puerta y del baño –por no hablar de los enchufes– para reducir el riesgo de despertarse por interrupciones. La litera de abajo suele facilitar el acceso al equipaje, pero la de arriba da más privacidad.

Buscar chinches. Se aconseja retirar las sábanas y comprobar si hay puntitos oscuros (excrementos de chinches) en el colchón, huevos amarillos, cascarones o los diminutos insectos, que suelen verse por las costuras del colchón, detrás del cabecero y en los enchufes.

Usar la taquilla. Si hay taquillas de seguridad, conviene usarlas (mejor con candado propio). Si no, se puede preguntar al gerente si es posible dejar los objetos de valor en la caja fuerte. No importa lo amigables que parezcan los compañeros de habitación, algunos viajeros (y miembros del personal) tienen motivos que van más allá.

Elegir una habitación lejos de las zonas comunes, con las menos camas posibles. Algunos albergues cobran la misma tarifa en todos los dormitorios, da igual cuántas camas tengan. Cuantos más compañeros de dormitorio, más posibilidades de interrupciones nocturnas.

Hacer averiguaciones. Conviene leer críticas en línea para asegurarse de que el albergue buscado cumple las necesidades. Mejor ir con cautela cuando no hay críticas o son, en su mayoría, negativas.

Dejar un kit nocturno bajo la almohada. Se aconseja tener una bolsita con tapones, un antifaz y una linterna frontal a mano por la noche.

Ser puntual para el desayuno. Algunos albergues que incluyen el desayuno ofrecen una cuota de comida limitada por día que puede haberse acabado si no se llega pronto.

Comprobar las salidas de emergencia. Hay albergues que maximizan el espacio apiñando camas contra las salidas de emergencia. Eso debería hacer saltar las alarmas.

© MATT MUNRO / LONELY PLANET

LAS 4 MEJORES APPS GRATIS PARA RESERVAS DE ÚLTIMA HORA

Si por un descuido no se tiene reservada la siguiente noche en el camino, hacer la reserva a través de estas útiles aplicaciones permite ahorrar dinero con tarifas inmediatas y evitar el follón de recorrer las calles en busca de habitación.

★

HOTEL TONIGHT

Encuentra hoteles de última hora en todo el mundo con reservas de "10 segundos, 3 toques de pantalla". Se pueden hacer búsquedas hasta una semana antes, pero los mejores precios salen a mediodía del mismo día. Los hoteles, clasificados con minuciosidad, incluyen extras, una evaluación de los usuarios y un "Te gustará si te gusta...".

★

JETSETTER

Ofrece hoteles de lujo con descuento, además de paquetes vacacionales. Hay reservas durante todo el año, aparte de ofertas por tiempo limitado. Cada hotel está clasificado según su categoría (majestuoso, lujoso o brillante). Hay filtros, extras, consejos y críticas.

★

BOOKING.COM

Es útil para poder ampliar el rango de búsqueda. Muestra todos los tipos de habitaciones disponibles, las instalaciones de los hoteles y sus políticas, además de otra información pertinente. Es ideal para buscar diversas opciones y filtros según precio, ubicación, instalaciones y más.

★

HOSTELWORLD

Se trata del sitio web para reservas internacionales de pensiones baratas y albergues, perfecto para buscar una cama económica rápido. Muestra todos los proveedores de alojamiento en la zona buscada con disponibilidad para las fechas solicitadas, información del anfitrión, extras, opciones de habitaciones, valoraciones, críticas y políticas.

© MICHAEL HERMANTO / 500PX

COMER Y BEBER

Cierto: la hora de la comida quizá sea el aspecto más solitario al viajar sin compañía. Pero eso puede evitarse. Con un poco de autoconfianza y planificación previa, a muchos viajeros les resulta una experiencia de lo más apetecible y, a veces, muy divertida.

MESA PARA UNO: COMER SOLO EN UN RESTAURANTE

Salir a comer sin compañía puede parecer una idea desalentadora y quizá lleve un tiempo acostumbrarse. Para los nuevos en la materia, es mejor empezar poco a poco, con un desayuno o un café a media mañana. Cuando se haya ganado confianza para salir a cenar –que, por algún motivo, suele considerarse la comida más tabú que hacer a solas–, se aconseja reservar o evitar la hora punta para garantizarse una mesa; es posible, además, que, con una reserva previa, no haya que escuchar la desmoralizante pregunta de "¿Solo uno?", formulada por el personal del local. Para sociabilizar, lo mejor es sentarse en la barra y tener así más oportunidades de conocer a otras personas no acompañadas o, al menos, de hablar con el barman.

Se aconseja a los viajeros con alergias buscar en internet tarjetas imprimibles con traducciones para mostrarlas a los proveedores de comida cuando no haya un idioma común.

Una buena idea es consultar la carta en línea antes de llegar, para evitar el pánico a la hora de pedir (cosa más plausible en una situación de estrés), como también lo es llevar ciertos apoyos –un diario de viaje, el móvil o un buen libro– con los que ocupar el tiempo mientras se espera la comida. Se aconseja saborear la oportunidad de observar a la gente mientras se come y no avergonzarse de ser objeto de miradas de otros comensales (los seres humanos somos curiosos). Llevar a mano la cantidad de efectivo justa para pagar la cuenta puede evitar el momento incómodo de esperar la vuelta en destinos en los que el servicio es especialmente relajado (como América Latina).

COMER EN EL ALOJAMIENTO

Cocinar es una buena excusa para quedarse en el alojamiento cuando no apetece salir a comer sin compañía y también para ahorrar dinero. Muchos albergues tienen cocinas para uso de los huéspedes, aunque conviene comprobarlo antes de comprar provisiones (hay albergues con estantes para aprovechamiento comunal, pero en otros faltan los utensilios necesarios para cocinar ciertos platos). Ceñirse a los productos locales siempre es más barato que tratar de reproducir los platos favoritos de casa; sitios web como hostelcookers.com son una fuente genial de recetas fáciles para cocinar con ingredientes y utensilios limitados.

Cuando se viaja con comida, lo mejor es preservarla en envases seguros para evitar frutas podridas, derrames o roturas dentro del equipaje; a nadie le gusta terminar con la mochila pringada de pesto. No hay que olvidarse de declarar los alimentos al viajar a una región o país diferente donde puedan estar prohibidos. Australia, por ejemplo, impone multas estrictas a quienes cruzan ciertas fronteras estatales con fruta fresca.

CÓMO CONSUMIR COMIDA CALLEJERA SIN ENFERMAR

Comer alimentos de la calle es una experiencia deliciosa; no hace falta vestirse bien y lo normal es compartir mesa con otros viajeros y lugareños. No hay que olvidarse de seguir las normas del lugar y tener cuidado con lo que se come. Una intoxicación alimentaria puede ocurrir en cualquier parte, pero es posible evitarlas siguiendo estos consejos:

★ Ver muchos clientes ante un puesto de comidas es buena señal; mejor si hay mujeres y niños, que tienen el estómago más delicado.

★ Fijarse en la higiene de quien regenta el puesto; que el chef maneje dinero y comida con la misma mano (lleve o no guantes) deberá hacer saltar las alarmas.

★ Llevar cuchara o palillos propios, o limpiar bien la cubertería del lugar con una toallita antes de usarla.

★ Seguir los horarios de comidas del destino. Si los lugareños cenan a las 18.00, hacia las 21.00 la comida quizá lleve hecha desde que se cocinó para la hora punta.

★ Llevar una tarjeta con la traducción de intolerancias; se pueden usar selectwisely.com o allergytranslation.com.

★ “Vegetariano” puede significar diversas cosas. Conviene especificar qué tipo de carne no se come.

★ Asegurarse de que la comida que debe servirse caliente esté bien cocinada.

★ Cuando sea imposible saber con seguridad cuánto tiempo lleva una carne rondando o si se ha cocinado más de una vez, mejor no arriesgarse.

★ Hay que tener cuidado con el hielo fuera de las ciudades grandes cuando el agua del grifo no es potable. La fruta pelada será más higiénica.

SALIDAS SIN COMPAÑÍA POR LA CIUDAD

Salir de noche en solitario durante un viaje puede parecer incluso más desalentador que cenar a solas, pero no hay motivos para quedarse sin diversión por viajar sin compañía.

Los más dados a la fiesta preferirán alojarse en un albergue de ambiente fiestero o, al menos, sociable, donde suele ser fácil hacer amigos con los que salir. Muchos se abstienen de promocionarse como sitios de fiesta, pero si anuncian ofertas de bebidas u organizan rutas por *pubs*, probablemente lo sean. Quien busque alojarse en un sitio donde poder dormir cuando quiera, será mejor que elija un albergue más tranquilo o un hotel (los que tienen barras o zonas comunes son geniales para conocer a gente con la que salir), y luego acuda al albergue de fiesta a beber. Si no es ese el ambiente deseado, siempre habrá otras actividades nocturnas organizadas; muchas ciudades ofrecen rutas para comer y beber, quedadas y mercados nocturnos; los bares y discotecas organizan noches especiales –trivial o monólogos, por ejemplo– con un ambiente más sociable que el de un bar típico.

CONSEJO

No dejarse invitar a una copa por ningún desconocido, no perder de vista la bebida, mantener a raya el nivel de embriaguez, y tener planificado un medio seguro para regresar al alojamiento.

Quienes quieran pasearse sin compañía podrán ir a un bar y ocupar una mesa o sentarse en un taburete, para evitar deambular en solitario. Al igual que en las comidas, viene bien tener algún recurso con el que ocuparse o usar de excusa para evitar atenciones no deseadas. No hay que tener reparos en entablar conversación con el barman u otros clientes; quizá terminen siendo buena compañía. Si es necesario hacer cola para entrar al local, se puede charlar con otra gente que esté esperando y, así, llegar a la puerta con un grupo con el que pasar la noche.

Las 3 mejores apps para comer en casas

Las aplicaciones para buscar casas ajenas en las que comer ofrecen oportunidades geniales de integrarse en la vida local del destino y al tiempo disfrutar de una comida maravillosa en buena compañía.

EATWITH

Permite explorar los menús de más de 650 chefs en más de 200 ciudades y reservar sitio para comer en casa del propio chef, por lo general, con su familia y otros clientes. Aplicaciones de la competencia, como BonAppetour y Feastly, ofrecen el mismo servicio básicamente.

VIZEAT

Como EatWith, permite reservar comidas cocinadas por chefs locales, pero también otras experiencias culinarias distintas en 110 países, desde rutas gastronómicas secretas y clubes para cenar con música en directo, hasta catas de vinos y clases de cocina.

WEFIFO

Presentada en Reino Unido en el 2016 y con planes de dominar el mundo, WeFiFo (de "We Find Food" o "Encontramos Comida") permite a cocineros caseros anunciarse como clubes de comidas asequibles.

10 TRUCOS QUE CONVIENE SABER

Seguro que en el primer viaje en solitario se cometerán errores, pero siempre se puede aprender de experiencias previas ajenas. Monica Stott, fundadora de thetravelhack.com, sabe ya bastante. A continuación, comparte diez trucos.

1 PEDIR COMIDAS ESPECIALES

Encargar en los vuelos una comida especial, como vegetariana o vegana. Estas comidas se sirven primero, así que llegarán más rápido y eso permitirá dormirse antes que los compañeros de asiento y poder descansar. Las comidas veganas suelen ser sanas, ligeras y deliciosas, lo que ayuda a evitar esa sensación de mareo y abotargamiento posterior al vuelo que se derivan de una comida suculenta.

2 VESTIRSE BIEN PARA EL EMBARQUE

Es más probable que una compañía suba de categoría en el avión a quien viaje en solitario y esa probabilidad aumenta si se lleva una ropa adecuada, así que se aconseja llegar al aeropuerto con la ropa más elegante del viaje (y llevar algo más cómodo en el equipaje de mano para cambiarse después de embarcar). Merece la pena preguntar en el embarque si hay oportunidad de cambiarse; aunque actualmente es más complicado salvo para los viajeros regulares, por preguntar que no quede.

3 USAR LAS SALAS VIP

Las salas VIP de los aeropuertos no son solo para pasajeros de primera clase; suele haber ofertas de acceso para el resto de pasajeros. En Reino Unido, el precio del bono para las salas parte de 25 £ e incluye extras como tentempiés y alcohol ilimitados, wifi, revistas, además de un espacio tranquilo y cómodo para relajarse antes de volar. Usar estas salas durante una escala prolongada merece mucho la pena, ya que la inversión supone poco más que la de comer y beber en otras zonas del aeropuerto.

© MASKOT / GETTY IMAGES

4 LLEVAR UNA BATERIA EXTERNA

Sin duda, el móvil se usa mucho durante un viaje, así que conviene llevar una batería externa para asegurarse un medio de ponerse en contacto con alguien en caso de emergencia y poder usar el GPS del teléfono para consultar indicaciones. Las baterías externas son baratas y ligeras; se agradecerá llevar una cuando se quiera llamar a un taxi a las 3.00 con un 2% de batería.

5 DISIMULAR LOS DISPOSITIVOS

Los dispositivos recién comprados, brillantes y limpios por fuera, atraen a los ladrones. Se pueden evitar atenciones no deseadas haciendo que los dispositivos caros parezcan más baratos, por ejemplo: poniendo pegatinas en la cámara o usando carcasas baratas previamente rayadas para el *smartphone* y la *tablet*.

6 MARCAR EL EQUIPAJE COMO FRÁGIL

Se aconseja pegar una etiqueta de "Fragile" en el equipaje para evitar que lo manejen sin cuidado en el trayecto y aumentar las garantías de ver aparecer la maleta en la cinta: suele ocurrir que el equipaje especial y los equipos son lo último que meten en la bodega del avión y, por tanto, lo primero en salir.

7 LLEVAR SIEMPRE UNA TARJETA DE VISITA DEL HOTEL

Nada más llegar al hotel o albergue, hay que hacerse con una tarjeta de visita en recepción, con la dirección y el número de teléfono del alojamiento. Entonces, bastará con subir a un taxi y darle la tarjeta al conductor para regresar al hotel a salvo. Cuando no haya tarjetas, se le puede pedir a un miembro de recepción que anote en un papel la dirección en el idioma local. Habrá que llevar la información a mano cuando se salga de paseo.

© HINTERHAUS PRODUCTIONS / GETTY IMAGES

8 VIAJAR CON UN TELÉFONO MÓVIL LIBRE

Si se viaja con un móvil de contrato, conviene liberarlo antes de partir, para poder usar cualquier tarjeta SIM de cualquier red móvil del mundo. Comprar una SIM local al llegar evita pagar el *roaming* y permite tener tarifas más baratas para llamadas y mensajería (se pueden adquirir en el aeropuerto y en tiendas de zonas turísticas).

© SKA / GETTY IMAGES

9 DEJAR EN LA MALETA LO BÁSICO AL VOLVER

En caso de viajar con frecuencia, se aconseja seguir esta rutina para no olvidar nunca las cosas básicas e importantes. Al regresar de un viaje, conviene dejar los artículos elementales en la maleta, como el pasaporte, adaptadores de enchufes, productos de baño de tamaño viaje y documentos del seguro; en casa no se necesitarán y tenerlos en la maleta implica no olvidarse de llevarlos.

10 HACER UN CIRCUITO A PIE GRATIS PARA FAMILIARIZARSE CON LA CIUDAD

Muchas ciudades ofrecen circuitos a pie gratis que suelen atraer a otros viajeros sin compañía que, con frecuencia, se quedan juntos para tomar algo o cenar al terminar el paseo. Es una oportunidad genial de conocer a viajeros afines y, al mismo tiempo, evitar la ansiedad de cenar en solitario la primera noche.

CONOCER A GENTE

Viajar en solitario es una oportunidad genial para aprender a apreciar la compañía de uno mismo. Sin embargo, la comunidad viajera mundial es abrumadoramente afable: no es raro recibir una invitación para unirse a cenar con un grupo de viajeros que se acaben de conocer, ni hay que tener reparos en pedir participar en una actividad junto a otros viajeros. Los lugareños también suelen hacer un esfuerzo para entablar conversación con los viajeros solitarios; se aconseja corresponder cuando parezca seguro hacerlo: nunca se sabe qué secretos del lugar podrán descubrirse.

10 FORMAS NADA RARAS DE CONOCER A GENTE EN RUTA

1. HACER UN CIRCUITO A PIE

No es solo una manera genial (y a menudo gratis) de ubicarse en una ciudad nueva, sino que estos paseos facilitan la conversación. Si el grupo no es muy grande, un buen guía pedirá a los participantes que digan su nombre y lugar de procedencia, lo que da pie a entablar conversación con otros viajeros por el camino. Parar a comer o beber algo es una oportunidad genial de socializar.

2. CONECTAR EN LÍNEA

Existen montones de aplicaciones diseñadas para ayudar a los viajeros a conectarse entre ellos en ruta. Tripr y Backpackr permiten encontrar con antelación a gente que acuda al mismo destino; con EatWith se podrá asistir a una cena organizada por un chef local; y Travelstoke conecta con lugareños y viajeros dispuestos a compartir consejos, conocerse o alojar a otros.

3. APROVECHAR LOS ALBERGUES

Se pueden buscar albergues con buenas zonas comunes, ya que serán sitios geniales para conocer a otros viajeros mientras se toma una cerveza, se cocina algo o se pasa el rato. Incluso si no se elige un alojamiento así, es posible consultar los sitios web de los albergues grandes en busca de actividades; muchos organizan circuitos, cenas, rutas por *pubs* y otros eventos abiertos a todo el público.

4. ALQUILAR UNA HABITACIÓN

Ya sea mediante Couchsurfing o Airbnb, es buena idea alojarse en un sitio donde poder relacionarse con los anfitriones. Los lugareños dispuestos a compartir sus casas suelen interesarse también por conocer a sus visitas y pueden ser una fuente de información sobre el lugar.

5. COMER EN LA BARRA

Optar por comer en la barra de un restaurante no solo permite evitar un posible momento incómodo de "mesa para uno", sino que también da la oportunidad de charlar con los comensales de un lado y otro (que quizá vayan solos también) o con el barman; el personal suele hacer un esfuerzo extra por charlar con clientes sin compañía.

6. IR A UNA QUEDADA

La comunidad Meetup (meetup.com) tiene casi 30 millones de miembros en 184 países, por lo que es muy probable que el viaje coincida con alguna de sus actividades. Los *instagramers* pueden buscar InstaMeets en la zona a través de instagram.com y los blogueros de viajes pueden enterarse de actividades en todo el mundo mediante Travel Massive (travelmassive.com).

7. HACER UN CURSO

Desde cursos de cocina hasta clases de tango, este tipo de actividades dirigidas a visitantes dan la oportunidad de conocer a otros viajeros con intereses comunes, por no hablar de la experiencia de ponerlos en práctica.

8. CONTRATAR CIRCUITOS EN GRUPO

Ya sean excursiones de un día o aventuras de varios días, los circuitos en grupos pequeños ofrecen experiencias viajeras inaccesibles para viajeros independientes, aparte de la opción de forjar amistades –que pueden ser para toda la vida– con los compañeros de excursión. Se aconseja elegir un circuito activo, ya que en una visita estándar en autobús por una ciudad solo se conocerá a quien se siente al lado.

9. OFRECERSE A HACER FOTOS

Cuando se vea a otro turista afanado en hacerse un *selfie* o a un grupo sacando una foto que quedaría genial si apareciesen ellos, está la opción de ofrecerse a hacer la foto. Quizá el favor se vea devuelto y, con ello, se rompa de forma natural el hielo para entablar una conversación sobre la procedencia y el viaje.

10. PARTICIPAR EN VOLUNTARIADOS

En los paneles informativos de los albergues y en meetup.com se pueden encontrar proyectos comunitarios a los que dedicar una tarde o más tiempo que darán la oportunidad de conocer a otros viajeros entre la cálida y vaga sensación de estar devolviendo algo a la sociedad.

TRABAJAR

Si se busca complementar los ahorros para el viaje y así alargar la ruta, trabajar durante la estancia permitirá, además, forjar amistades importantes, conocer mejor la cultura local, adquirir nuevas habilidades y explorar el destino de acogida con mayor profundidad que un viajero de paso. Salvo que se trabaje de forma remota, el visado laboral suele ser un requisito legal para ejercer un empleo remunerado. No obstante, hay muchas otras formas de ganar dinero –o ahorrarlo– a cambio de tiempo y conocimientos personales.

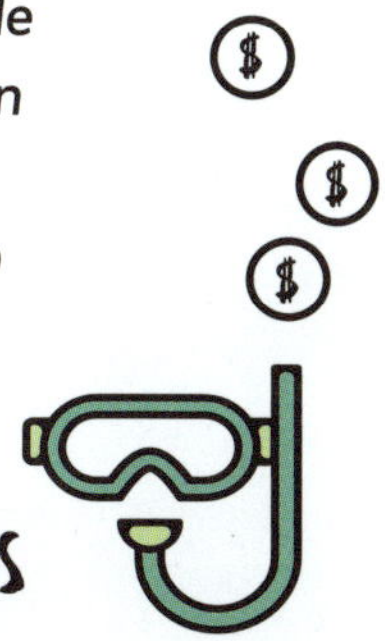

10 OPORTUNIDADES LABORALES GENIALES PARA VIAJEROS

1. TRABAJAR EN UN ALBERGUE

Una de las formas más fáciles y populares que tienen los viajeros de trabajar en ruta sin un permiso laboral es hacerlo en un albergue, sirviendo copas, limpiando, poniendo comidas o en recepción (con o sin experiencia). Este tipo de trabajo –unas 4-6 h al día, 5-6 días por semana– suele ofrecerse a cambio de alojamiento y pensión completa, durante un mes más o menos.

2. ENSEÑAR ESPAÑOL

Si se posee algún máster en enseñanza de español como lengua extranjera (ofrecidos por distintas universidades u otras instituciones) o algún curso ofertado por centros de formación, se puede ganar un buen dinero enseñando español en el extranjero. Los destinos asiáticos y de Oriente Próximo suelen abonar los salarios más altos. No obstante, enseñar un idioma suele exigir, además de formación específica y cierta experiencia laboral, un compromiso de varios meses.

3. COMPARTIR CONOCIMIENTOS

Muchos viajeros usan sus conocimientos –dar yoga, crear sitios web– a cambio de diversas cosas, como alojamiento en albergues o circuitos, e incluso dinero. El albergue, operador turístico o negocio local quizá ni siquiera sepa que tiene esa necesidad hasta que alguien se acerca con una propuesta; no se pierde nada por probar.

4. TRABAJAR EN LÍNEA

Para quien sueñe con pasar la vida en la carretera, trabajar en línea suele ser la clave para poder llevar ese estilo de vida. Se aconseja consultar en sitios como problogger.com, freelancer.com y upwork.com, y buscar listas de trabajos a distancia, desde redacción y diseño gráfico hasta desarrollo de aplicaciones y contabilidad. Los sueldos varían, pero no faltan opciones.

5. FOTOGRAFÍA Y ESCRITURA DE VIAJES

Escritores y fotógrafos consagrados tienen en esta opción una vía más lucrativa, pero hay otras muchas para los novatos con las que engrosar el CV y sacar algo de dinero. El sitio web de viajes matadornetwork.com paga unos 40 US$ por un artículo sobre viajes de 800-1000 palabras; bootsnall.com paga 50 US$ por un artículo de 1200-2000 palabras; en los sitios web hay más indicaciones. Cada vez surgen más oportunidades para vender fotos de viajes. Entre las opciones más beneficiosas (con posibilidad de ganar más de 100 US$ por foto) están shutterstock.com, 500px.com e istockphoto.com.

6. TRABAJO POR PENSIÓN

Organizaciones como workaway.info y wwoofinternational.org son solo dos de un puñado que ofrecen oportunidades para realizar trabajos en casas familiares, negocios y granjas a cambio de alojamiento y comida. En general, será un buen trato trabajar 5 h al día, 5 días por semana, a cambio de alojamiento (normalmente compartido) y dos o tres comidas al día. Las tareas van desde limpiar cabañas vacacionales y ocuparse del mantenimiento de rutas de senderismo, hasta dar de comer a caballos y recolectar zanahorias. Los anfitriones suelen exigir un mínimo de un mes de compromiso, pero existen períodos más cortos.

7. TRABAJO DE TEMPORERO

Recolectar frutas es muy popular en Australia, donde los viajeros que se comprometan a ejercer un trabajo remunerado de 88 días en una ubicación regional determinada (la lista está en fruitpickingjobs.com.au) podrán obtener un segundo visado de vacaciones laborales. Otros trabajos populares de temporada son los campamentos de verano en EE UU o los retiros de esquí en un país con una comunidad consagrada de trabajadores de temporada internacionales, como Australia, Austria, Francia, Nueva Zelanda y EE UU. Suelen exigirse permisos de trabajo válidos.

8. 'AU PAIR'

Ideal para personas a las que les gusten los niños y tengan algo de experiencia en cuidados infantiles. Aunque la mayoría de las oportunidades para ser *au pair* requieren un compromiso de al menos 6 meses, algunas familias solo necesitan canguro para períodos vacacionales, incluso de unas semanas. Se pueden consultar listas en sitios como aupair.com, aupairworld.com y findaupair.com.

9. SER EXTRA EN UNA PELÍCULA

Si se está de viaje en la India y se visita la zona de Colaba en Bombay, se puede terminar trabajando en una película de Bollywood; Colaba Causeway (sobre todo, el Leopold Cafe) y Gateway of India son lugares clave para los cazatalentos. No se ganarán más de 500 INR (6,25 €) por jornada, pero muchos afirman que el factor de la novedad merece la pena.

10. TRABAJAR EN UN FESTIVAL

Quien prevea viajar a un destino en el que se celebre un festival puede plantearse participar de forma voluntaria. A cambio de la entrada (y, a veces, de las comidas), habrá que hacer varios turnos, desde comprobar entradas hasta servir cervezas. En los sitios web de los festivales están las alternativas; otra opción es registrarse en oxfam.org.uk/stewarding en Reino Unido y workexchangeteam.com en EE UU, que organizan a los voluntarios de una serie de festivales en esos países.

TRABAJAR GRATIS

Ofrecer de manera voluntaria el preciado tiempo vacacional por una buena causa es un gesto noble y hay miles de organizaciones dispuestas a integrar a viajeros en proyectos que van desde construir escuelas hasta vigilar nidos de tortugas. Hay que investigar bien las oportunidades antes de firmar, para hacer una contribución a la causa, pero también vivir una experiencia relevante. Véase p. 95 para obtener más información sobre voluntariado responsable.

CONSEJO

"Si el objetivo principal de trabajar a cambio de pensión es ahorrar dinero para seguir más tiempo de viaje, no hay que olvidarse de incluir en los gastos el coste de llegar hasta la ubicación necesaria. Yo participé en un proyecto genial en una islita de la Columbia Británica, en Canadá, donde no me gasté ni un céntimo en tres semanas, pero el transporte hasta llegar, ferris y traslados incluidos, se llevó un buen pedazo de mis ahorros." SIMON SOUTHEY, VETERANO DE WORKAWAY

DOCUMENTAR EL VIAJE

Ya sea para documentar la experiencia viajera solo con los ojos o aprovechar ese contenido en una carrera profesional, merece la pena tener una estrategia.

EL DILEMA DE LA CÁMARA

Es innegable: viajar con una cámara grande y/o cara aumenta la vulnerabilidad, sobre todo en una aventura en solitario. Según el destino, quizá haya que sacrificar algo. Si no se pretende usar las imágenes profesionalmente, ¿de verdad hay que llevar una cámara réflex digital con teleobjetivos? Si la fotografía de alta calidad se considera un elemento importante, ¿está preparado el viajero para adoptar medidas de seguridad adicionales y asegurar la protección de su equipo?

"A quien pretenda viajar ligero y aun así hacer fotos le recomiendo llevar una cámara sin espejo (un cruce entre una réflex digital y una compacta) y seleccionar un objetivo gran angular –cuenta la fotógrafa Lauren Bath, una de las primeras *instagramers* profesionales del mundo–. La Olympus OM-D E-M1 Mark II que uso ahora tiene una gran estabilización de la imagen, lo que me da flexibilidad para dejar el trípode en casa si quiero ir aún más ligera de equipaje."

Sin duda, el humilde *smartphone* no ha de descartarse como herramienta fotográfica. Quien no busque imágenes de alta resolución para venderlas o imprimirlas tendrá una gran opción en los *smartphones* con cámaras decentes (en general, cuanto más nuevo el teléfono, mejor la cámara). Para vídeos y fotografía de aventuras, quizá sea útil una cámara GoPro (gopro.com) con carcasa sumergible.

CÓMO SACAR FOTOS GENIALES

"Para mí, hacer fotos es como usar bloques de construcción –dice Bath–. Primero, empiezo por un objeto fotogénico y luego añado una luz impresionante (el amanecer y el atardecer, o 'las horas doradas', son las mejores), vuelvo a comprobar la composición (véase recuadro) y después me planteo meterme en la escena para ver la escala. Siempre se puede hacer algo para que una foto buena se convierta en genial."

"Basta con entender los ajustes de la cámara y disparar en una 'hora dorada' para mejorar las instantáneas –añade Bath–. Aconsejo usar eso como punto de partida y luego avanzar desde ahí."

5 técnicas que recordar al sacar una foto

1. REGLA DE LOS TERCIOS

Dividir el encuadre en una cuadrícula de nueve rectángulos (algunas cámaras incluyen el modo cuadrícula) y asegurarse de que los elementos importantes de la imagen pasan por encima de al menos dos líneas. Se puede mejorar la composición descentrando el objeto principal.

2. LÍNEA DEL HORIZONTE

Comprobar que la línea del horizonte está recta. Se puede arreglar con un *software* de edición.

3. LÍNEAS PRINCIPALES

Asegurarse de que hay líneas que llevan hacia el enfoque. Se puede usar cualquier cosa: caminos, paredes, maderos o nubes.

4. ESPACIO NEGATIVO

Dejar espacio libre en torno al objeto para crear un minimalismo que ayude a centrarse en lo sustancial.

5. TENSIÓN DINÁMICA

Usar movimiento para llevar el ojo en direcciones opuestas: líneas que se alejen entre sí o lenguaje corporal en espejo.

© KOLBEIN SVENSSON / 500PX

5 pasos para salir genial en una foto hecha por otro

1. ELEGIR A LA PERSONA ADECUADA
Buscar a alguien que no parezca ir con prisas. Lo ideal es que sea una persona que lleve una buena cámara.

2. PEDIRLO BIEN
Recordar dar las gracias y preguntar si se devuelve el favor.

3. GUIAR AL DESCONOCIDO LO MEJOR POSIBLE
Aclarar si se quiere la foto en modo retrato o paisaje, y si se quiere con *zoom* o no.

4. AJUSTAR ANTES LA CONFIGURACIÓN DE LA CÁMARA
Colocar la cámara en un trípode y pedirle al desconocido que le dé al disparador.

5. USAR LA FUNCIÓN EN RÁFAGA
Pedirle al desconocido que mantenga el disparador pulsado e ir cambiando de pose.

EL TEMA DE LOS 'SELFIES'

El palo de *selfie* ha revolucionado los autorretratos entre los viajeros en solitario. Sin embargo, si se busca un retrato de calidad en una ubicación fotogénica, los palos de *selfie* nunca superarán a un trípode, según Bath. "Un palo de *selfie* hace *selfies*, pero un trípode saca imágenes paisajísticas preciosas con la persona enmarcada."

Si se tiene previsto viajar con un palo de *selfie*, hay que usarlo con responsabilidad y tener en cuenta que hay más viajeros al moverlo en busca del mejor ángulo. Conviene leer la legislación internacional sobre palos de *selfie*: están prohibidos en lugares turísticos populares y en galerías, museos y festivales de música de todo el mundo.

© SUNPHOL SORAKUL / GETTY IMAGES

© ARTUR DEBAT / GETTY IMAGES

© ANASTASIA PHOENIX / 500PX

CÓMO HACER EL 'SELFIE' PERFECTO

Los tres puntos del mantra de los *selfies* permitirán sacar autorretratos perfectos en todo momento:

1. ENTORNO

Comprobar el fondo y la iluminación antes de adoptar la pose.

2. POSADO

Conocer el mejor perfil de cada cual y saber qué sonrisa funciona en los *selfies*, desde el "toque de lengua" (colocar la lengua contra el paladar y sonreír sin enseñar los dientes) hasta el "cierre y apertura" (cerrar los ojos y luego abrirlos lentamente, y levantar las comisuras de los labios en una sonrisa). Hay que evitar los "morritos de pato".

3. EDICIÓN

Aprender a usar los filtros de Instagram (el "clarendon" es el más popular) y no olvidar recortar bien la imagen antes de subirla.

USO INTELIGENTE DE REDES SOCIALES AL VIAJAR SOLOS

Gracias a un campo cada vez más amplio de plataformas de redes sociales –desde Facebook hasta Snapchat, Instagram o Twitter–, mantener el contacto con amigos y seres queridos durante un viaje es mucho más fácil, pero no todos los viajeros son conscientes de las formas más seguras de usarlas. Conviene tener en cuenta lo siguiente antes de subir un nuevo *post*, sobre todo al viajar sin compañía.

★ **Subir actualizaciones de estado durante unas vacaciones deja claro a los "amigos" (y desconocidos, según la plataforma y la privacidad) que el viajero no está en casa, por lo que puede terminar siendo susceptible a robos.**

★ **Etiquetar a compañeros de viaje en las fotos estando aún de vacaciones también pone en riesgo la privacidad de estos, que quizá no quieran que todo internet sepa dónde están.**

★ **Subir fotos durante un viaje con la función de geolocalización activada muestra la ubicación exacta del viajero a un gran número de personas y pone, así, en riesgo la seguridad.**

★ **Colgar planes de viaje futuros permite a los seguidores conocer los destinos y eso supone un riesgo para la seguridad.**

Para consultar más consejos sobre seguridad al viajar solo, véase p. 86.

LA CLAVE DE UN 'FEED' DE INSTAGRAM BRILLANTE

El uso de Instagram durante los viajes se ha convertido en una carrera profesional lucrativa para algunos viajeros que, gracias a su destacado número de seguidores, logran sacar sumas considerables de socios comerciales. Ya sea por albergar sueños de ser *instafamosos* o para ganar seguidores, Bath afirma que la diversidad y la constancia de los *posts* son clave.

"Cuando un fotógrafo hace lo mismo todo el rato, me aburro –asegura Bath–. También me gusta ver *posts* nuevos con frecuencia, al menos uno al día."

Otra opción es mejorar la cuenta de Instagram con una buena *bio*, pies de foto divertidos o informativos e imágenes de alta calidad.

¿LLEVAR O NO UN DIARIO?

Llevar un diario de viaje tradicional puede sonar anticuado, pero las ventajas son muchas. No solo es algo en lo que ocupar el tiempo mientras se espera el embarque de un vuelo o se cena en solitario, sino que las notas pueden ser un recurso fantástico si después un amigo pide recomendaciones de hoteles en Barcelona o pregunta por esos tacos de Ciudad de México que cambian la vida. Al tenerlo por escrito, servirá siempre de referencia para recordar cosas. Desde un punto de vista práctico, un diario es, además, un buen lugar para llevar las cuentas si no se quiere usar aplicaciones móviles destinadas a esta tarea (p. 55).

CONSEJO

"A mí me encanta la aplicación Paper by FiftyThree para hacer bocetos rápidos en el iPhone o el iPad con un lápiz digital cuando viajo sin un cuaderno de dibujo. La aplicación hace que sea muy fácil tomar notas, hacer fotos y bocetos, y organizarlo todo para luego consultar la información sin problemas." EMMA TAMAOKI, ILUSTRADORA Y DISEÑADORA GRÁFICA

¿ESCRIBIR O NO UN BLOG DE VIAJES?

Iniciar un blog de viajes es una forma genial de compartir las escapadas con amigos y familia. Crear un blog sencillo es gratis y fácil en plataformas como tumblr.com, wordpress.com y blogger.com. Sin embargo, convertirse en bloguero de viajes profesional es otra historia.

Para empezar, hay que elegir una plataforma de blogs que ofrezca más flexibilidad que las gratuitas y adquirir un nombre de dominio y un plan de alojamiento web. Además, habrá que invertir en plantillas y plug-ins para hacer el blog más atractivo e intuitivo, o contratar a un desarrollador web. Luego está la creación de contenido y la búsqueda de lectores para poder garantizarse anunciantes, socios comerciales y oportunidades similares. El éxito no llega de la noche a la mañana, pero con pasión, compromiso y paciencia, todo es posible. Para conocer más consejos sobre el negocio de los blogs de viajes, visítese travelblogsuccess.com.

SEGUIR EN CONTACTO

Por mucho que la idea de desconectar en vacaciones estimule el espíritu viajero, dedicar tiempo a un contacto frecuente con los seres queridos es importante tanto para conservar las relaciones personales como para garantizar la seguridad.

Gracias a la tecnología moderna, mantener el contacto es mucho más fácil que antes. Pero no hablamos solo de las redes sociales ni de la avalancha de llamadas gratuitas o las aplicaciones de mensajería. Aparte de los sospechosos habituales, hay cada vez más formas para que mantener el contacto sea algo divertido.

CONSEJO

"Cuando necesito conexión wifi y no quiero utilizar mi *roaming*, uso la aplicación Wi-Fi Finder. No hay más que elegir la ubicación y la aplicación muestra las conexiones wifi de la zona en un mapa, además de información pertinente, como el estado de las conexiones (gratis o privadas), la velocidad, el nivel de privacidad y valoraciones de usuarios."

ISABEL ALBISTON, AUTORA DE LONELY PLANET

© HENN PHOTOGRAPHY / GETTY IMAGES

4 APPS INUSUALES PARA MANTENER EL CONTACTO

1. LIVETREKKER

Si hay alguien en el país de origen que mataría por estar en el viaje al Himalaya, esta aplicación permite al viajero crear un diario digital en un mapa interactivo. Se pueden añadir imágenes, texto, audio y vídeo durante el camino, y crear un diario multimedia que compartir con quien sea cuando sea.

2. TOUCHNOTE

Es una aplicación divertida para enviar fotos de los viajes como postales físicas. Tras seleccionar una foto y un mensaje, Touchnote imprime y envía las postales, normalmente a menor coste que un envío desde el destino del viaje.

3. FLIPAGRAM

Esencial para quien quiera organizar las instantáneas de su viaje a modo de historia o fardar de cóctel desde diversos ángulos. Solo hay que seleccionar las fotos favoritas, ponerlas en secuencia y elegir una canción de iTunes (o de una base de datos en línea) como banda sonora, y el conjunto se convierte en un pase de diapositivas que se puede subir a Facebook.

4. TRIPCAST

Perfecta para viajeros que busquen compartir todos los momentos de su aventura con seres queridos. Permite crear un álbum de fotos e invitar a amigos y familiares para que lo sigan. Podrán ver todas las fotos subidas en tiempo real, además de la localización, y tendrán la opción de darles "me gusta" y comentarlas.

11 FORMAS DE SUPERAR LA SOLEDAD

Da igual la cantidad de experiencias alucinantes que se vivan: el viaje puede resultar algo solitario. A continuación, se exponen algunos trucos de ayuda.

2 MIMARSE

Pensar en cosas que se disfruten y se hagan poco en casa. Viajar durante un período largo de tiempo casi siempre implica ir con el presupuesto ajustado, pero de vez en cuando conviene recompensarse alojándose en un buen hotel tras dos semanas de acampada o reservando un *spa* después de un largo viaje en autobús. Nada mejor que disfrutar de esos momentos y continuar la ruta tras refrescarse, con energías renovadas.

3 EXPLORAR

Cuando llega la tristeza, quedarse como un ovillo en la cama no ayuda. Se aconseja aprovechar que se está en un destino nuevo y salir a pasear; deambular sirve para apartar la cabeza de la soledad. Si hace sol, se recibirá un chute de vitamina D que ayudará a animarse.

1 HACER UNA LISTA

Volver a centrar las energías en lo que se está haciendo: ¿por qué se ha emprendido el viaje?, ¿qué se busca? Hay que cambiar la soledad por la ambición y redactar físicamente un plan de acción. ¿Siempre se ha querido aprender a bucear, a hablar inglés o a bailar tango? Es momento de ir tachando cosas de la lista.

7 PONERSE EN CONTACTO CON SERES QUERIDOS

Para alejarse de la autocompasión, nada mejor que el contacto con la gente que se ha quedado en casa y que mataría por participar del viaje. A veces, solo escuchar una voz familiar es suficiente para animarse.

8 HACER UN CIRCUITO EN GRUPO

Aunque no se pretenda hacer amigos nuevos, estar en compañía de otros es una buena manera de contener la soledad. Se aconseja intentar reservar actividades a través de un albergue, lo que suele implicar unirse a otros viajeros sin compañía, más que parejas y familias. Tras un día en sociedad, al final del circuito quizá incluso se eche de menos estar un tiempo a solas.

4 BUSCAR COMPAÑEROS DE VIAJE

¿Quién dice que viajar solos impida hacer piña con otros viajeros? Relacionarse con más personas que viajen sin compañía o con un grupo puede enriquecer la vivencia, y ofrecer experiencias que quizá no se conozcan o no se puedan hacer en solitario. Véase p. 66 para leer consejos sobre cómo conocer a gente en ruta.

5 HABLAR CON LUGAREÑOS

Es buena idea salir del cascarón y esforzarse por conversar con lugareños. El personal del hotel puede informar sobre los sitios para comer más frecuentados por gente de la zona; otra opción es preguntar a los tenderos cómo les va el día: a veces esas conversaciones son una agradable sorpresa.

6 ALOJARSE EN ALBERGUES

Resulta complicado sentir soledad en un albergue, donde es difícil escapar a la compañía de otros. Se aconseja esforzarse por conocer a los compañeros de dormitorio y apuntarse a actividades sociales organizadas por el albergue, como rutas por *pubs* y comidas comunales.

9 SUDARLO TODO

No hay nada como el chute de endorfinas que da el ejercicio físico para sentirse bien. El abandono del ejercicio físico está relacionado con la depresión; si se ha dejado una rutina física para salir de viaje, quizá esa sea la explicación de la bajada de ánimos. Cuando no sea posible salir a correr o ir a un gimnasio, se puede hacer algo de yoga o sentadillas y flexiones, o apuntarse a un circuito activo.

10 RECURRIR AL 'COUCHSURFING'

Quien viaje a un destino con escasa vida social puede buscar en Couchsurfing (couchsurfing.com). Se trata de una comunidad en línea que ofrece a los viajeros alojamiento gratis en sus casas. Los anfitriones suelen enseñar la ciudad, comer con sus huéspedes o simplemente hacer compañía.

11 SONREÍR

Quizá suene sencillo, pero es la verdad: la gente es más receptiva a las sonrisas. Alguien taciturno y con una actitud negativa repele inconscientemente a otras personas.

SALUD Y ESTADO FÍSICO

Dado que los viajes suelen ofrecer oportunidades de sobra para vaguear junto a una piscina y atiborrarse en bufés, mantenerse en forma y con salud no es siempre fácil. Sin embargo, conservar un buen estado de salud no solo ayuda a estar más atentos y ser más conscientes de la seguridad personal (p. 91), sino que también permite manejar mejor situaciones reales de enfermedad en el camino.

CUESTIÓN DE EQUILIBRIO

No hay nada malo en darse unos lujos estando de vacaciones, pero abandonar la rutina puede provocar apatía, irritabilidad y cansancio, cosas nada deseables durante un viaje. Aunque en el camino no se coma más de lo usual, probablemente sí se aumente el consumo de bebidas, así que conviene equilibrarlo con ejercicio. Una opción es usar el gimnasio del hotel o, si no hay, recurrir al propio cuerpo como gimnasio, haciendo abdominales, sentadillas o yoga en la habitación, en un parque o en la playa. Los reacios a ejercitarse siempre pueden aumentar el ejercicio accidental: usar las escaleras en vez del ascensor o apuntarse a actividades como kayak, senderismo o circuitos a pie.

CONSEJO

"Yo nunca viajo sin mis zapatillas de deporte. Al llevar zapatos cómodos, se evitan los taxis y se exploran los sitios a pie, lo que permite integrarse de verdad en el destino, además de ejercitarse y quemar calorías sin notarlo. Para que el paseo sea un desafío, se pueden cargar cosas en la mochila, con lo que se quemarán más calorías al aumentar el esfuerzo para llevar el peso extra." SARAH O'FARRELL, BLOGUERA DE VIAJES Y FITNESS, FITTRAVELS.COM

ABAJO Hacer el entrenamiento necesario para llevar unas vacaciones activas disminuye el riesgo de daños y aumenta la diversión.

SALUD SEXUAL

Viajar sin compañía da una sensación de libertad que bien puede aumentar las probabilidades de terminar en la cama de otro viajero (o lugareño). Practicar sexo seguro en el camino quizá no sea muy distinto a hacerlo en casa, pero antes de lanzarse a una aventura vacacional, es importante tener en cuenta varios aspectos. En primer lugar, hay que asegurarse de llevar anticonceptivos de casa.

"Los anticonceptivos vendidos en algunos países pueden ser inferiores a los disponibles en el país de origen –afirma la doctora Deborah Mills, o Deb, autora de la biblia de viajes *Travelling Well*–. Los condones, por ejemplo, son más pequeños en regiones como Asia que en países occidentales, por lo que se pueden romper más fácilmente."

Si el condón se rompe durante el sexo en un país que no dispone de la píldora del día después o donde esta no se puede conseguir con facilidad, quizá haya que interrumpir el viaje para volver a casa y no correr el riesgo de quedarse embarazada.

Viajar está ligado también a una mayor probabilidad de contraer una ETS: gonorrea, clamidia y hepatitis B y C son las infecciones más comunes, pero hay un montón de bichos que pueden arruinar el viaje, además de afectar al viajero para toda la vida si no se va con protección. Por ejemplo, la hepatitis C (que también se transmite mediante agujas de tatuajes) tiene tratamiento, pero es una enfermedad incurable.

© JORDAN SIEMENS / GETTY IMAGES

COMPRAR (Y VIAJAR CON) MEDICAMENTOS EN RUTA

Existe la posibilidad de olvidarse de algo, o necesitar reponer un producto, y tener que visitar una farmacia en la zona visitada. Según la doctora Deb, solo hay que recordar que no será la típica visita a la farmacia de siempre.

"En algunos países, sobre todo en aquellos en vías de desarrollo, lo que pone en la caja quizá no coincida con el contenido", asegura Deb, que aconseja adquirir medicación en el extranjero solo cuando sea del todo imprescindible. Conviene fijarse en la fecha de caducidad, ya que los fármacos caducados pueden no hacer efecto o provocar reacción.

"Al viajar con medicamentos, hay que llevar una carta del médico de familia que autorice al viajero a hacerlo", dice la doctora Deb, que, además, recomienda consultar la legislación local para asegurarse de que sea legal llevar fármacos al destino. La codeína, por ejemplo, está restringida en EAU y no se puede introducir en el país sin mostrar la receta.

URGENCIAS MÉDICAS

Con suerte, la línea de emergencias de la aseguradora de viajes no será necesaria, pero en caso de precisar ayuda, no hay que dudar en usarla, dice la doctora Deb. "Los viajeros olvidan que la aseguradora de viajes es una especie de conserjería de asesoramiento médico. Si se sufre la mordedura de un animal y se necesita la vacuna antirrábica, por ejemplo, habrá que llamar a la aseguradora para saber el mejor sitio en la zona donde recibir tratamiento."

Cuando sea necesario acudir a un hospital, se recomienda comunicarlo en el alojamiento y llamar a alguien en el país de origen para que esté pendiente.

5 CONSEJOS DE HIGIENE EN RUTA

+1. Lavarse las manos el máximo de veces posible y llevar en la mochila un bote de antiséptico para las manos, por si en algún momento no hay agua y jabón.

+2. Si no es seguro beber agua del grifo en el destino, tampoco hay que lavarse los dientes con ella.

+3. Llevar chanclas en las duchas comunes. Aparte del riesgo de contraer infecciones fúngicas como la tinea, existe el peligro de contagiarse con otros patógenos repulsivos al meterse en una ducha con una herida en el pie.

+4. Optar por palillos de bambú desechables para comer o utilizar cuchara propia, cuando no se pueda confirmar la limpieza de la cubertería.

+5. Beber mucha agua para mantener la hidratación y el tracto urinario sano; no hay que evitar beber por miedo a no encontrar un baño.

SEGURIDAD

Viajar sin compañía requiere una atención especial a la seguridad. Eso no significa que viajar en solitario no sea seguro. De hecho, a veces puede serlo más que ir con otra persona o en grupo, situaciones que animan a los viajeros a bajar la guardia. Pero cuando no hay ningún colega de viaje para vigilar las cosas –o echar un cable en caso de emergencia–, conviene conocer los riesgos de seguridad del destino para evitarlos mejor.

20 MANERAS DE MANTENER LA SEGURIDAD EN RUTA

1 Autoenviarse por correo electrónico los documentos de viaje (copias de tarjetas bancarias incluidas) y mandarlos también a un amigo o familiar, para acceder con facilidad a ellos si es necesario.

2 Llevar un equipaje ligero que pueda manejarse fácilmente y tener cuidado con quienes ofrezcan ayuda con las maletas: muchos querrán ayudar de verdad, pero algunos no.

3 Comunicar a un conocido los destinos fijados para que sepa localizar al viajero y en qué circunstancias hacer saltar las alarmas.

4 Pedirle al personal del alojamiento que indique en un mapa las zonas seguras y peligrosas del destino; probablemente allí tengan la información más actualizada.

5 Planear la llegada a un destino nuevo en las horas diurnas para no hacer el camino al alojamiento de noche. Si no es posible, contratar el traslado o ir en taxi.

6 Guardar los objetos importantes en la caja fuerte o taquilla de la habitación, y mantener los objetos de valor del día a día cerca en todo momento, aunque nunca en el bolsillo trasero del pantalón ni en el superior de la mochila.

7 Si no es posible guardar bajo llave los objetos de valor, ocultarlos en el equipaje; los paquetes de tampones o de condones están bien para meter dinero y tarjetas de crédito.

8 Llevar la tarjeta de visita del alojamiento al salir; deberá incluir la dirección en el idioma local.

9 Mantenerse siempre alerta. El nivel de alerta desciende al beber alcohol. Si se bebe, no dejar nunca invitarse por un desconocido ni perder de vista la bebida.

10 Estar bien informado acerca del lugar a dónde se viaja. Intentar conocer las costumbres locales y también las advertencias y notas preventivas que emiten los organismos oficiales.

11 No dejar entrar a desconocidos en el alojamiento, que deberá ser el paraíso de la seguridad.

12 Caminar con firmeza en todas partes, como sabiendo perfectamente adónde se va y para qué.

13 No perder la educación con los desconocidos, pero no dejar que esa educación comprometa la seguridad: no hay que tener miedo a decir que no.

14 No atraer la atención exhibiendo joyas caras o una cámara nueva. En el otro lado del espectro, nada como unos pantalones *hippies* para marcar a un turista ingenuo. Lo mejor para pasar inadvertidos es vestirse como los lugareños (o expatriados).

15 Conocer el sistema de transportes del destino (cómo de seguro es, cuánto cuesta, cómo funcionan los billetes y cuáles son las rutas principales) antes de usarlo.

16 Si se sale de noche, regresar al alojamiento en taxi; no aventurarse a caminar ni usar el transporte público cuando hay riesgos para la seguridad.

17 Grabar números como el del alojamiento, la aseguradora de viajes, el consulado del país de origen y el teléfono principal de emergencias del país.

18 Si se prevé practicar sexo con alguien a quien no se conozca muy bien, decirle a una persona de confianza dónde se va a ir y comunicárselo a la pareja en cuestión para aumentar la seguridad.

19 Sacar cantidades pequeñas de dinero con frecuencia, en vez de una suma grande, y llevar encima, escondida, una reserva de emergencia.

20 Recibir atención puede ser halagador, pero cuidado con las personas o grupos que intenten entablar una amistad; puede ser más complicado detectar a un timador en un país extranjero.

SEGURIDAD DE LAS MUJERES

Por desgracia, es una realidad que las viajeras sin compañía suelen atraer mayor atención no deseada en el extranjero que los hombres que van solos. Por tanto, hay precauciones adicionales que las mujeres deben adoptar en ruta.

★ Informarse de las costumbres locales. En algunos países y regiones, el comportamiento social y la vestimenta de una mujer pueden causar acercamientos no deseados por parte de lugareños.

★ No admitir nunca que se viaja sola. Fingir que se va de camino a ver a un novio o esposo puede ser útil para deshacerse de atenciones no deseadas.

★ Plantearse llevar un anillo de casada (y comprobar antes en qué dedo de qué mano se lleva en el país de destino). Algunos países, como EE UU, recomiendan a las viajeras sin compañía que lleven anillo de casadas cuando acudan a Oriente Próximo.

★ Los dormitorios compartidos solo para mujeres y los vagones para mujeres están diseñados para aumentar la seguridad, si se quieren aprovechar estas oportunidades.

CONSEJO

"Habrá quien piense que contratar un viaje organizado no entra dentro de sus intereses, pero allá va un secreto: a veces, viajar en grupo puede ser la forma más segura de recorrer un destino, sobre todo cuando se va en solitario. Si se quieren ver más cosas aparte, se puede usar el viaje organizado como punto de partida y luego añadir tiempo al final para explorar por cuenta propia. Algunos países, como Irán y Bután, exigen a ciertas nacionalidades viajar en grupo para concederles el visado. Aconsejo investigar y elegir grupos pequeños de viajeros afines." TASMIN WABY, EDITORA DE LONELY PLANET

★

Aplicar el buen juicio al usar servicios de alojamiento gratuitos como Couchsurfing; ha habido casos de agresiones a mujeres.

★

Plantearse viajar con dispositivos de seguridad personal, como un silbato, espray de capsicum o un tope de puerta con alarma. El espray de capsicum normalmente no se puede llevar en el equipaje de mano y en algunos países es ilegal.

★

Plantearse instalar una alarma u otra aplicación de seguridad personal en el teléfono móvil (véase p. 90).

★

Conocer qué derechos se tienen si se sufre una agresión. En ciertos países, como EAU, la violación se equipara a practicar sexo fuera del matrimonio, cosa que es ilegal, por lo que el mero hecho de comunicar la agresión puede suponer cárcel para la víctima.

5 APPS GRATIS PARA MANTENER LA SEGURIDAD

El teléfono móvil puede ser la herramienta de seguridad más valiosa en un viaje. Se aconseja comprobar si el plan de datos puede usarse en el extranjero o adquirir una tarjeta SIM local con un plan de datos decente para aumentar el nivel de seguridad al permitir el uso de aplicaciones de seguridad personal.

1. BSAFE

Es una aplicación inteligente con la que crear una "red social de seguridad" con contactos que recibirán notificaciones en casos de emergencia o situaciones en las que el usuario se sienta inseguro y pulse el botón del pánico.

2. CITYMAPPER

No hay más que introducir el destino deseado en una de las 39 ciudades de 21 países y la aplicación muestra cómo llegar de todas las formas posibles con transporte local.

3. COMPANION

Para aumentar la seguridad al caminar de noche o en barrios sospechosos, la aplicación envía por mensaje de texto un enlace a un mapa en directo de la ruta a los "compañeros" de paseo preseleccionados. En caso de problemas, la aplicación pide al usuario que confirme si está bien o si quiere llamar a la policía. Si el usuario no responde pasados 15 segundos, la aplicación se lo notifica a los "compañeros".

4. MAPS.ME

Permite descargar mapas para usar sin conexión en cualquier parte del mundo.

5. BUGLE

Está diseñada sobre todo para personas que no quieren llevar encima el teléfono cuando salen. El usuario fija un tiempo limitado y los contactos de emergencia del teléfono recibirán una alerta por correo electrónico y mensaje de texto si el usuario no aparece tras ese período.

5 TIMOS COMUNES A VIAJEROS (CON O SIN COMPAÑÍA)

"EL TAXÍMETRO ESTÁ ROTO"

Hay que exigir al conductor que use el taxímetro o buscar otro taxi. Si no es posible, habrá que informarse de la tarifa estándar y exigirla. También es útil saber cuánto tiempo se tarda en llegar al destino y en qué dirección hay que ir.

"TIENES UNA C*** EN EL ZAPATO"

Se acerca un lugareño diciendo que un pájaro ha hecho sus "cositas" en el zapato de la víctima. Al bajar la vista, el cómplice del "servicial" desconocido le roba la cartera a la víctima y huye. Para no engrosar las estadísticas, lo mejor es seguir caminando cuando se vea venir algo así.

"QUÉ BELLEZA"

Un viajero puede caer en las redes de un donjuán que le invita a cenar. El donjuán se da cuenta de que se ha "olvidado" la cartera y el viajero termina pagando e invitándolo a su habitación. Por la mañana, el donjuán ha desaparecido con los objetos de valor. Hay que protegerse evitando a timadores.

"YO TE LO ENVUELVO"

En lo que se conoce como "timo de sustitución", el vendedor cambia el artículo adquirido por uno falso o de menor calidad. Para evitarlo, nunca hay que dejar las compras (ni las tarjetas de crédito) desatendidas.

"ESE HOTEL ESTÁ CERRADO, PERO PUEDO LLEVARTE A UNO MEJOR"

Un lugareño (un taxista casi siempre) le asegura al viajero que el hotel reservado (o la atracción que se quiere visitar) está cerrado, pero que conoce un sitio mejor. El viajero acepta y el conductor se saca una buena comisión por llevar un cliente a la pensión o tienda de su colega. Se puede terminar incluso comprando alguna joya sospechosa u otros artículos.

VIAJAR EN SOLITARIO DE FORMA RESPONSABLE

El turismo responsable consiste en dejar un impacto positivo en el entorno y en la gente que vive en los lugares visitados. No hay que dejarse intimidar por el concepto: un viaje responsable no implica limitar las formas de explorar el mundo, sino abrir más capas del increíble potencial del planeta que pueden sorprender o cautivar. Un viaje responsable no tiene que costar más, ni anular la diversión de la aventura. Solo hace falta un poco de investigación para entenderlo...

10 FORMAS DE SER MÁS RESPONSABLES AL VIAJAR

1 Informarse bien sobre el destino y sus habitantes, para saber hablar, comportarse y vestirse del modo adecuado. Esto suele reportar experiencias culturales de mayor calado.

2 Elegir operadores de circuitos de grupos pequeños, pues, por lo general, tienen menor impacto medioambiental. La pertenencia a una organización como The International Ecotourism Society (ecotourism.org) es señal de que el operador intenta proceder de un modo responsable.

3 Llenar botes reutilizables con productos de baño biodegradables en vez de comprar versiones tamaño viaje de productos escogidos, que seguramente terminen en un vertedero.

4 No creerse las etiquetas “eco” en los circuitos y alojamientos. Hay que pedir a los operadores que expliquen bien sus iniciativas ecológicas. ¿Emplean a lugareños y pagan tarifas justas? ¿Tienen directrices medioambientales?

5 Resistir la tentación de derrochar solo por estar de vacaciones. Hay que apagar las luces, la TV y el aire acondicionado de la habitación cuando no se usen, y evitar plásticos de un solo uso, como los productos de baño de los hoteles y las pajitas de los cócteles.

6 Evitar circuitos que prometan interacciones con animales salvajes en cautividad. Eso supone apoyar una industria que captura, transporta y maltrata ilegalmente a millones de animales al año.

7 No dar bolis, caramelos ni ningún regalo a los niños del lugar, para no motivar la economía de la mendicidad. Si se quiere donar algo, es mejor hablar con una escuela u organización local que asegure una distribución conveniente de obsequios adecuados.

8 Optar por comprar recuerdos de producción local y sostenible para ayudar a preservar la cultura del lugar. Evitar productos hechos con plantas/animales en peligro de extinción, maderas no sostenibles o artículos antiguos.

9 Intentar comer productos locales de temporada en los destinos. ¡Menuda huella de carbono deja un filete de carne neozelandesa servido en Londres!

10 Dar ejemplo a otros viajeros. Si se ve a un viajero actuando de forma irresponsable, se le puede pedir que pare; quizá no sepa que está haciendo algo mal.

CONSEJO

"Yo nunca viajo sin una botella de agua duradera sin BPA, una bolsa de lona e incluso una pajita reutilizable para esos cócteles al atardecer; las pajitas de metal ya están disponibles en muchos sitios y son un gran regalo para los viajeros. Limitar la cantidad de plástico usado en vacaciones puede tener un impacto enorme: en EE UU se usan al día más de 500 millones de pajitas de plástico, con consecuencias ambientales devastadoras." SARAH REID, ESCRITORA DE VIAJES

© MARYBETHMALONE

© RALF HETTLER / GETTY IMAGES

© METESPALT / GETTY IMAGES

© CAMERON / 500PX

© BEN ROBSON / 500PX

¿UN VOLUNTARIADO?

Apuntarse a un proyecto de voluntariado en el extranjero es una forma genial de introducirse poco a poco en los viajes en solitario, pero es crucial investigar bien. Por desgracia, muchas organizaciones de voluntarios no actúan mirando por los intereses de los viajeros, comunidades, niños o fauna y flora con los que trabajan. Los voluntarios potenciales deben tener especial cuidado con los proyectos relacionados con niños en países en vías de desarrollo, según afirma James Sutherland, coordinador de comunicaciones internacionales de Friends-International, que gestiona la iniciativa para la protección de la infancia ChildSafe (thinkchildsafe.org).

"Si el voluntario no tiene cualificación en cuidados infantiles ni otros conocimientos (como formación médica) no disponibles en la zona, ¿sería capaz de hacer el mismo trabajo en su propio país? La respuesta es 'no' –dice Sutherland–. Sin embargo, a cuenta de las buenas intenciones, se corre el riesgo real de provocar más daños en los niños."

Los expertos en protección infantil desaconsejan visitar orfanatos. "Muchos orfanatos se administran como negocios que tienen pocas directrices o procedimientos de protección infantil, o ninguno –comenta Sutherland–. Numerosos ensayos clínicos señalan, además, que una puerta giratoria de visitantes perjudica a largo plazo a los niños ingresados en instituciones, en un plano emocional y psicológico."

Eso no supone que no se pueda ayudar. "Quien tenga algún conocimiento transferible puede plantearse dedicar tiempo a traspasarlo a personal del lugar –añade Sutherland–. Eso tendrá un impacto positivo a largo plazo, sostenible, que se mantendrá mucho después de que el viajero regrese a casa."

Sutherland sugiere dirigir el apoyo a organizaciones locales que lleven iniciativas de ayuda a niños y sus familias. Por ejemplo, es el caso de proyectos comunitarios para fabricación y venta de recuerdos, negocios sociales o restaurantes que forman a jóvenes del lugar.

Hay algunas oportunidades fantásticas, pero es necesario mantener el escepticismo ante proyectos que permitan a viajeros sin formación interactuar con animales en cautividad. En responsibletravel.com hay una variedad excelente de voluntariados para viajeros en temas comunitarios y de naturaleza.

CONSEJO

"Tras abandonar el trabajo de mis sueños para viajar mucho más lejos de lo que había previsto, me puse nerviosa ante mi primera gran entrevista de trabajo, cuatro años después de dejar un empleo fijo. Preocupada por que mi entrevistador interpretase mis prolongados viajes como una reticencia a la estabilidad, me vendí como una candidata renovada, inspirada y lista para sentarme a aplicar mis conocimientos recién adquiridos en mi puesto de trabajo. Por suerte, funcionó."

SARAH REID, ESCRITORA DE VIAJES

PREPARAR LA VUELTA

Por muy divertido que sea dejarse llevar por la fantasía de viajar para siempre, y salvo que se tenga la rara suerte de convertir ese sueño en realidad, habrá que volver al mundo real en algún momento. Ser conscientes de lo que espera al regresar a casa puede marcar la diferencia y garantizar una transición tranquila.

VENCER LA DEPRESIÓN POSVACACIONAL

Volver a casa de un viaje –sobre todo de uno largo– puede suponer un impacto importante que se manifiesta en sentimientos de tristeza, desde decepción por no seguir despertándose con el sonido del océano moviendo la puerta del bungaló de paja, hasta frustración y desdicha ante una vida cotidiana que palidece frente a la libertad de la carretera. ¿Cómo gestionar eso? Los psicólogos especializados en viajes dicen que integrar los mejores momentos del viaje en la vida diaria puede servir de ayuda (revivir las mejores comidas preparándolas para la familia u organizar una fiesta temática con amigos, por ejemplo). Otra opción, claro, es animarse concentrando las energías en planear el siguiente viaje...

GESTIONAR LAS EXPECTATIVAS DE LOS AMIGOS

Al bajarse del avión después de un viaje, siempre se tienen ganas de compartir la experiencia con amigos y saber qué han estado haciendo ellos. Sin embargo, el cara a cara quizá deje ver que ya no se tiene mucho en común con algunos. Darse cuenta de ese alejamiento puede ser devastador, pero lo cierto es que los amigos entran y salen de la vida haya viajes o no; además, aunque perder a un amigo es un golpe duro en un período emocionalmente exigente como el del regreso de un viaje, estar preparados para la posibilidad de que algunas amistades no soporten el paso del tiempo (y, en el caso de un viaje, la distancia) quizá ayude a suavizar el golpe. El lado positivo es que viajar puede contribuir a dejar claro qué amistades son serias de verdad y cuáles son superficiales, para poder centrar las energías en las relaciones que importan.

Sin embargo, incluso los buenos amigos se hartan de escuchar por enésima vez la historia de esa caminata por Perú que cambia la vida. Conviene darles un respiro y buscar a gente que haya compartido las mismas experiencias la siguiente vez que se necesite hablar de ellas, ya que estarán más dispuestos a revivir la aventura en compañía.

VOLVER AL TRABAJO

Si se dejó un trabajo antes de partir –o el viaje comenzó al acabar los estudios y hay que acceder al mundo laboral profesional–, merece la pena saber cómo usar la experiencia al iniciar la búsqueda de trabajo. Más que verlo como abandono del mercado laboral, hay que considerarlo una oportunidad.

"Las empresas buscan cada vez más a personas capaces de demostrar que son 'ciudadanas del mundo'", afirma Rosemary Lemon, directiva en la empresa internacional de contratación Hays, que sugiere resaltar los viajes como un elemento crucial en el desarrollo personal. Hay que especificar si se ha aprendido un idioma nuevo, participado en un voluntariado o mejorado las habilidades fotográficas; también se puede contar cómo el viaje en solitario por el este de Europa ha servido para perfeccionar la capacidad de resolver problemas, o cómo ceñirse a un presupuesto de 20 US$/día en la India ha funcionado para controlar mejor las finanzas. Conforme se acerque el final del viaje, se aconseja revisar el CV y enviarlo, para ir adelantando posibles entrevistas.

INSPIRACIÓN:

10 BUENOS VIAJES PARA HACER SOLO

CONSEJO

Conviene tomar medicación preventiva para evitar el mal de altura, que supone un riesgo especial en Bolivia (sobre todo, si se va a La Paz, que está a más de 3500 m de altitud).

Lo básico

Es interesante invertir en calzado de senderismo resistente pero transpirable, en lugar de en pesadas botas de cuero, si se va a estar un tiempo viajando. Es apropiado para casi todos los tipos de rutas y no pesa tanto.

Buenos Aires (Argentina), Río de Janeiro (Brasil), Cartagena de Indias (Colombia), Lima (Perú)

Respeto por personas LGBTI ★★★☆☆

Siempre es buena época para ir a Sudamérica. Entre noviembre y marzo se pueden visitar las playas de Brasil y la Patagonia. Para recorrer las islas Galápagos, en Ecuador, mejor de diciembre a junio.

$ $

Aventura
Cultura
Aire libre

AVENTURA: SUDAMÉRICA

Con montañas a las que subir, ríos por los que hacer* rafting*, ruinas antiguas que descubrir y selvas para explorar, Sudamérica es el destino de aventuras por excelencia. No hay que dejarse amilanar por su tamaño: ya se busque un viaje largo o una escapadita, Sudamérica es más propicia para viajes en solitario de lo que pueda pensarse.

Desde el punto de vista logístico, a quienes quieran hacer un gran viaje les vendrá bien el Gringo Trail, una ruta clásica que incluye los destinos más populares del subcontinente, desde el norte hasta el sur (o viceversa). Esto conlleva muchas oportunidades de juntarse con otros viajeros que vayan en la misma dirección. Como mínimo, seguro que se coincidirá con la misma gente más de una vez durante el camino. Sudamérica tiene una de las mejores redes de albergues del mundo, muchos de los cuales pueden organizar circuitos y traslados, lo que facilita la inmersión de quienes viajen solos al llegar a su destino. El español es la lengua oficial de todos los países menos tres (Guyana, Guayana Francesa y Surinam) y los lugareños son increíblemente acogedores.

Consideraciones clave para quienes viajan solos

Idioma: Los hispanohablantes tienen mucho ganado para viajar con absoluta confianza. Pero hay que tener en cuenta que el español de América tiene varias diferencias de pronunciación y vocabulario

IZQUIERDA Gauchos pastoreando el ganado en ranchos argentinos. ARRIBA Las mejores vistas de Machu Picchu, en Perú.

© PHILIP LEE HARVEY / LONELY PLANET

con el español peninsular.
Seguridad: Viajar por Sudamérica entraña algunos riesgos. Es bueno informarse sobre zonas y actividades potencialmente peligrosas para que sea más fácil tomar decisiones bien fundamentadas.
Presupuesto: Viajar por Argentina, Brasil, Chile y Uruguay puede ser igual de caro que por Europa occidental. Colombia y Perú son algo más baratos; Bolivia es el país donde los ahorros pueden cundir más.
Salud: Para viajar a Sudamérica hay que vacunarse de la fiebre amarilla. Conviene protegerse de enfermedades transmitidas por mosquitos.

Libros para la mochila

Guías de viaje de Sudamérica

Diarios de motocicleta, **del Che Guevara**

Inca-Kola, **de Matthew Parris**

La casa de los espíritus, **de Isabel Allende**

© PHILIP LEE HARVEY / LONELY PLANET

IZQUIERDA Soñolientos leones marinos en Puerto Ayora, en las Galápagos, y un grupo de iguanas marinas relajándose en las playas del archipiélago.

GALÁPAGOS SIN GASTAR MUCHO

Hay que desterrar la idea de que las islas Galápagos, en Ecuador, no están al alcance de quienes viajan solos. Muchas empresas de cruceros ofrecen la oportunidad de compartir litera con otra persona que vaya sola (y, a veces, se consigue el camarote entero para uno, si nadie más reserva la otra cama). Si se dispone de tiempo, se recomienda ir directo a la capital, Quito, donde puede conseguirse un chollo de última hora: normalmente, no hay que esperar más que unos cuantos días hasta encontrar una litera con una rebaja de hasta el 50% (lo que suele suponer un ahorro de más de 1000 US$). Conviene optar por barcos normales, con capacidad aproximada para 16 pasajeros, ya que en ellos se crea un ambiente íntimo perfecto para conocer a los compañeros de viaje.

© JESS KRAFT / 500PX

ARRIBA Los tonos tropicales de Cartagena de Indias (Colombia) son el sueño de todo fotógrafo.

ESTANCIAS PLACENTERAS

★ Con cinco grandes albergues en tres países, la red **Loki** (que debe su nombre al travieso dios noruego) es una apuesta segura para quienes viajen solos y busquen conocer gente (y divertirse). Loki Cusco, en Perú, se halla en un bonito edificio del s. XVI, mientras que Loki La Paz, en Bolivia, tiene un bar con vistas y muros de vidrio. (lokihostel.com)

★ Si no se quiere gastar mucho dinero, pero se prefiere tener habitación propia, **El Viajero** es un albergue más refinado, en la bonita ciudad costera colombiana de Cartagena de Indias. Este retiro, muy céntrico y con aire acondicionado, es el único albergue de la ciudad que incluye desayuno, y ofrece una buena variedad de actividades nocturnas. (elviajerohostels.com)

Experiencias épicas para viajeros en solitario

Viajar en todoterreno entre San Pedro de Atacama (Chile) y Uyuni (Bolivia), a través de paisajes lunares desérticos, haciéndose fotos en los salares. Los circuitos no suelen salir hasta que los coches están llenos, por lo que lo normal es ir con más gente.

—

Ver salir el sol sobre Machu Picchu (Perú), adonde se puede llegar a pie o en tren desde Cuzco.

—

Bajar la famosa Carretera de la Muerte, en Bolivia, y comentarlo después con otros ciclistas en torno a unas cervezas.

—

Recorrer las calles adoquinadas de Cartagena de Indias (Colombia) y fotografiar la belleza en tonos pastel de la ciudad.

CONSEJO

Para evitar estafas, conviene preguntar en el alojamiento cuánto cuestan las cosas (como los taxis a sitios turísticos) antes de salir a pasar el día.

© MATT MUNRO / LONELY PLANET

© ALEXANDER FRAIS / 500PX

© NHIEM HOANG / 500PX

Lo básico

Ho Chi Minh y Hanói

Respeto por personas LGBTI ★★★☆☆

En Vietnam, la gente suele ir más tapada que en otros países del sureste asiático. Conviene hacer lo mismo y dejar en casa los pantalones muy cortos y las camisetas por encima del ombligo.

Los precios suben hasta el 50% en temporada alta (jul-ago), cuando en el país reinan el calor y la humedad. La temporada media (dic-mar) trae cielos despejados en el sur y frescor en el norte, mientras que la temporada baja (abr-jun y sep-nov) es estupenda para visitar el interior, ya que los tifones asolan la costa.

$

ARRIBA Los mercados flotantes de Vietnam permiten hacer algunas de las mejores fotos del país.

COMIDA: VIETNAM

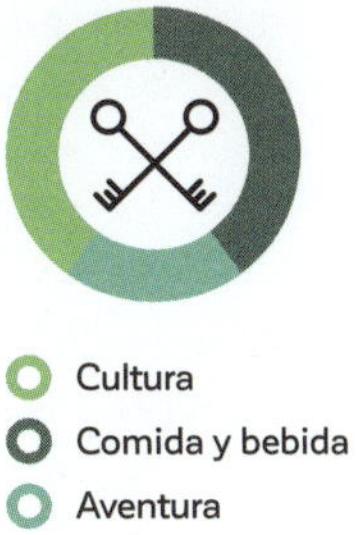

Que no se entere Tailandia, pero, si en el sureste asiático hay un país "para gobernarlos gastronómicamente a todos", ese es Vietnam. Sutil en sus sabores y sobresaliente en su diversidad, la cocina vietnamita es todo un imán para los viajeros; el sinfín de circuitos de comida callejera y las escuelas de cocina hacen de Vietnam un destino ideal para ir en solitario.

© MATT MUNRO / LONELY PLANET

El país entero es perfecto para mezclarse con los autóctonos, probar platos locales y beber vino de arroz en sus numerosos mercados regionales; en los principales emplazamientos turísticos, como Hanói, Ho Chi Minh y Hoi An, se encuentra la mayor variedad de actividades gastronómicas.

La forma estrecha y alargada del país hace que sea lógico recorrerlo de norte a sur (o al revés). Se recomienda comprar un billete de autobús de "circuito abierto" entre Ho Chi Minh y Hanói y moverse por el país al ritmo que se desee. Cuando se necesite un poco de relax, se puede acudir a uno de los fantásticos *spas* del país: desde templos de mármol donde recibir tratamientos hasta sencillos salones de masaje regentados por familias, con precios aptos para mochileros.

Consideraciones clave para quienes viajan solos

Idioma: En los sitios turísticos, muchos lugareños hablan un poco de inglés, pero la mayoría no habla nada, por lo que en ocasiones tal vez haya que recurrir a gesticular y señalar fotos. No pasa nada: a casi todos los demás viajeros les pasa lo mismo.

Seguridad: En Vietnam son frecuentes los tirones; hay que llevar el equipaje de día o el bolso pegado al cuerpo y asegurarse de que las pertenencias vayan bien sujetas al montar en bici o moto. Conviene indagar antes para evitar timos.

Salud: Para problemas graves de salud, normalmente hay que ser evacuado a Tailandia; es recomendable asegurarse de que el seguro de viaje cubra ese traslado y prestar especial atención a la higiene personal para evitar coger bichos.

Libros para la mochila

Guías de viaje de Vietnam y guías de conversación de vietnamita de Lonely Planet

***El americano tranquilo*, de Graham Greene**

***Catfish and Mandala*, de Andrew Pham**

***El cielo y la tierra*, de Le Ly Hayslip**

© MATT MUNRO / LONELY PLANET

IZQUIERDA Y ABAJO Los cocineros vietnamitas hacen que preparar complejas exquisiteces locales parezca fácil...

ESTANCIAS PLACENTERAS

★ **The Hideout Hostel Saigon** es perfecto para alojarse en Ho Chi Minh si se busca diversión: anima a pasarlo bien y a conocer a otros viajeros. Los dormitorios están impolutos y se puede tomar una cerveza gratis al día en The Hideout Bar, justo al lado. El albergue organiza, además, recorridos por *pubs* seis noches por semana. Tiene otro local cerca (The Hangout Hostel Saigon) y un establecimiento más, Phuong Le Villa, en Hoi An. (hideouthostels.asia)

★ Si se busca un sitio sofisticado para alojarse en la zona más animada de Hanói, el mejor es **La Siesta Hotel & Spa**. Además de un servicio excelente y habitaciones modernas y de calidad, tiene un emplazamiento perfecto, en la calle Ma May, con muchos restaurantes, bares y cosas que hacer. Tras una gran noche de fiesta esquivando motos, es ideal para relajarse en su *spa* diurno o en la sala de cine. (hanoilasiestahotel.com)

HACIA LAS COLINAS

Las viajeras en solitario interesadas en visitar la neblinosa zona de montaña de Sapa, de interés turístico por su minoría étnica, pueden echar un vistazo a Sapa Sisters (sapasisters.com). Es un colectivo gestionado por un grupo de avezadas mujeres hmong, que ofrece excursiones privadas personalizadas de un día y otras más largas en las que se duerme y cocina, con la propia guía, en casas particulares: perfecto para viajeras que se sientan más cómodas con una guía mujer.

Experiencias épicas para viajeros en solitario

Aprender a cocinar un festín vietnamita; es muy recomendable la escuela de cocina Green Bamboo de Hoi An (greenbam boo-hoian.com).

—

Ir en mototaxi a cualquier lado, siempre con casco.

—

Conocer el conflicto que marcó una época en Vietnam, en el Museo de la Historia Militar, en Hanói; el Museo de Restos de la Guerra, en Ho Chi Minh; y los túneles de Cu Chi, al norte de Ho Chi Minh.

—

Hacer una excursión organizada de uno o dos días de Hanói a la bahía de Halong. Las impresionantes columnas calizas atraen a las multitudes, pero aun así son espectaculares.

CONSEJO

A los fans de Come, reza, ama les gustará saber que Wayan Nuriasih, la curandera que aparecía en la película, sigue pasando consulta en Ubud.

Lo básico

✈ Denpasar, en Bali

Respeto por personas LGBTI ★★★★☆

Conviene dejar espacio libre en la maleta si se va a Ubud, donde abundan las tiendas de artesanía. Para tejidos, lo mejor es el centro de artes textiles indonesias Threads of Life (threadsoflife.com).

La estación seca de Ubud va de mayo a septiembre; aunque puede llover, presenta las mejores condiciones para recorrer zonas rurales. Entre abril y octubre, aunque llueve un poco más, hay muchísima menos gente. Como gran parte de las zonas más populares de Bali, Ubud se llena en agosto.

$

AUTOCONOCIMIENTO: UBUD (INDONESIA)

Aunque* Come, reza, ama, *el famoso libro autobiográfico de Elizabeth Gilbert sobre el viaje que hizo sola, despierta tanto amor como odio, hay algo que es innegable: el centro artístico y espiritual de Bali –allí donde la autora encontró el amor– sigue siendo un sitio maravilloso para relajarse, reflexionar y recargar pilas cuando se viaja en solitario.

Enclavado entre arrozales de color esmeralda, rodeados de montañas neblinosas, Ubud es un lugar mágico. Es cierto que ya hay más ajetreo, pero resulta fácil evitar las multitudes. Se puede dar un paseo hasta el Palacio de Ubud, donde vive la familia real de Bali, más o menos en el centro, y, para aprovechar de verdad el poder curativo de Ubud, alojarse en uno de los muchos retiros de salud que salpican las verdes colinas que rodean el pueblo. Como mínimo, hay que darse el capricho de pasar la tarde en uno de los *spas* del lugar. El ambiente holístico de Ubud inunda también su variada y estupenda oferta culinaria, donde abundan las opciones ecológicas, vegetarianas y veganas entre sus bares de zumos, cafés y restaurantes. Los viajeros solos son tan habituales en Ubud, que las preguntas y miradas curiosas que se pueden recibir en el resto de Bali aquí son casi inexistentes; el visitante descubrirá que los lugareños son increíblemente acogedores.

IZQUIERDA Los numerosos templos de Ubud, cubiertos de musgo, rebosan serenidad.

Consideraciones clave para quienes viajan solos

Idioma: En Ubud se habla mucho inglés, pero los lugareños agradecen el esfuerzo de aprender unas cuantas frases en indonesio. Se puede empezar por *selamat pagi* (buenos días) y *terimah kasih* (gracias).

Salud: Tras años de recibir comida y provocaciones de los humanos, los 600 macacos que viven en la Reserva Forestal de los Monos Sagrados pueden ser agresivos. Aunque se dice que no tienen rabia, esta enfermedad mortal es un riesgo en toda la isla.

Costumbres locales: Muchos viajeros van en pantalón corto y camiseta de tirantes, pero Ubud es un lugar sagrado donde hay que vestir con más pudor; sobre todo, al visitar los templos.

Libros para la mochila

Guías de viaje de Bali de Lonely Planet

***Reír al viento*, de Sandra Barneda**

***Balilicious*, de Becky Wicks**

***Fragrant Rice*, de Janet de Neefe**

DERECHA Los arrozales verde esmeralda de Ubud están llenos de senderos.

ABAJO Conviene mantener las distancias con los bonitos, pero impredecibles macacos de Ubud.

© MATT MUNRO / LONELY PLANET

SUBIDA AL PICO MÁS SAGRADO DE BALI

El Gunung Agung se eleva a 3000 m sobre el nivel del mar y tiene un gran valor espiritual para el pueblo balinés. Ascender a él forma parte importante del viaje espiritual de muchos visitantes a Ubud. Allí mismo, en Ubud, o por internet (p. ej., balisunrisetours.com) es fácil concertar una excursión para ver el amanecer. Lo habitual es subir desde Pura Pasar Agung (1700 m), de donde parte un empinado ascenso de 3-4 h a través de selva y taludes volcánicos hasta la cima, con sublimes vistas del alba hasta la isla vecina de Lombok; o desde Pura Besakih (el templo más sagrado de Bali, a unos 1000 m de altitud), con una subida menos empinada, pero que dura 6 h.

© MATT MUNRO / LONELY PLANET

ESTANCIAS PLACENTERAS

★ **Como Shambhala Estate**, uno de los mejores retiros de salud del mundo, ofrece completos programas de bienestar, perfectos para una buena búsqueda interior con el máximo confort. Situado en un precioso enclave, fuera del bullicio de Ubud, este veterano centro tiene un manantial sagrado y dos restaurantes. (comoshambhala.com)

★ Si se pretende dar alguna clase en el famoso **Yoga Barn de Ubud**, ¿por qué no alojarse en él? Este centro de bienestar tiene una preciosa casa de huéspedes con habitaciones individuales y un dormitorio de cuatro camas que suele atraer a una mezcla internacional de viajeros en solitario y pequeños grupos. (theyogabarn.com)

Experiencias épicas para viajeros en solitario

Vagar por los museos y galerías de Ubud, el Museo de Arte de Neka, el Museo Puri Lukisan y el Museo de Arte Agung Rai.

—

Asistir a una representación de danza balinesa en un teatro tras visitar templos por la ciudad; dirigirse al centro de información turística de Ubud, en Jl Raya Ubud.

—

Descubrir por qué Ubud es una de las grandes capitales culinarias de Bali con una cena en Locavore (locavore.co.id), un templo de la comida de procedencia local.

—

Mimarse con la oferta holística, desde yoga hasta *reiki*, en Taksu Healing Haven (taksuspa.com).

Lo básico

Berlín (aeropuertos de Tegel y Schönefeld)

Respeto por personas LGBTI ★★★★★

Berlín puede ser barato, pero hay que llevar siempre suficiente efectivo encima: es la forma de pago más habitual en Alemania y muchos establecimientos no aceptan tarjetas.

Los meses con más ajetreo son julio y agosto; hace calor, pero suele llover. En mayo, junio, septiembre y octubre abundan los festivales; la experiencia es más auténtica y el tiempo, más fresco, aunque a menudo más estable. El invierno es frío y tranquilo.

$ $

VIDA NOCTURNA: BERLÍN (ALEMANIA)

Berlín es el sitio perfecto para ir de fiesta. También es de las ciudades más acogedoras e inclusivas de Europa, por lo que resulta fantástica para recorrerla en solitario.

© TWINS / GETTY IMAGES

© TAFELZWERK / GETTY IMAGES

© MARK READ / LONELY PLANET

ARRIBA La noche se anima en Berlín.

DERECHA El paisaje callejero de la ciudad es de un chic destartalado.

Hay quien dice que es más fácil entrar en Berghain, la discoteca más famosa de la ciudad, si se hace cola solo, y, en verano, las cervecerías con terraza de Berlín ofrecen oportunidades fantásticas de hacer nuevos amigos en torno a unas jarras.

Pero esta ciudad glamurosa y a la vez ajada tiene más que ofrecer. Se puede hacer un circuito a pie, guiado o a solas, para ver los principales atractivos, desde la Puerta de Brandeburgo hasta el Memorial del Holocausto, antes de perderse en Museumsinsel (Isla de los Museos). La ciudad está llena de lugares interesantes alternativos, desde callejones cubiertos de grafitis hasta edificios abandonados, cafés extravagantes, tiendas modernas, mercadillos de fin de semana y un creciente panorama de puestos ambulantes de comida.

Consideraciones clave para quienes viajan solos

Costumbres locales: Berlín es una ciudad de ciclistas; los peatones deben evitar caminar por los carriles-bici (normalmente, rojos), ya que los ciclistas suelen ir rápido y tienen preferencia. No son raros los choques entre ciclistas y peatones.

Seguridad: Berlín es una de las ciudades más seguras de Europa, aunque los Ministerios de Exteriores advierten de que la amenaza de terrorismo sigue siendo alta tras el ataque de diciembre del 2016 a un mercadillo navideño.

Idioma: Aunque en Berlín mucha gente entiende el inglés, aprender unas cuantas frases habituales en alemán ayudará.

Libros para la mochila

Guías de viaje de Berlín de Lonely Planet

***Solo en Berlín*, de Hans Fallada**

***Adiós a Berlín*, de Christopher Isherwood**

***Stasiland: Historias tras el Muro de Berlín*, de Anna Funder**

***Nachtleben Berlin: 1974 bis heute*, de Wolfgang Farkas, Stefanie Seidl y Heiko Zwirner**

Consejo

Si se pretende ver muchas cosas, interesa sacarse la tarjeta Berlin WelcomeCard (visitberlin.de), que permite usar gratis el transporte público y ahorrarse hasta el 50% en lugares de interés y circuitos.

© LOOK DIE BILDAGENTUR DER FOTOGRAFEN GMBH / ALAMY STOCK PHOTO

DERECHA Los mercadillos nocturnos son estupendos para una cena rápida cuando se viaja solo.

© MKRBERLIN / GETTY IMAGES

IZQUIERDA Los bares de la ribera de Berlín son el lugar perfecto para socializar en los meses estivales.

ESTANCIAS PLACENTERAS

★ Tal vez no sea el más lujoso de Berlín, pero dicen que el albergue **Jetpak Alternative,** en Kreuzberg (donde están muchos de los locales nocturnos de la ciudad), es el mejor si se va solo. Orientado sobre todo a gente que viaja por su cuenta o en pequeños grupos, no acepta reservas para más de cuatro personas. Atrae a un público sociable y alternativo, y su pequeña zona común tiene un fantástico ambiente de grupo. (jetpakberlin.com)

★ Si se prefiere alojarse en algún sitio más céntrico y cómodo, se recomienda **Casa Camper.** Justo en el corazón del Mitte, este impecable hotel-*boutique* ofrece aperitivos y bebidas gratis todo el día en su sala común, Tentempié, en la última planta, el lugar perfecto para conocer gente (casacamper.com). Además, tiene un gimnasio y sauna 24 h.

REPASO AL OSCURO PASADO DE BERLIN

No es para todo el mundo, pero, para mucha gente, visitar un campo de concentración nazi ofrece una perspectiva esencial sobre el pasado y el presente de Alemania. El de Sachsenhausen, el primero construido para ese fin y dirigido por el comandante de las SS Heinrich Himmler, está a las afueras de Berlín y muchas empresas locales ofrecen excursiones diarias desde la ciudad. En el 2012, abrió como museo y memorial, tras reformarse para ofrecer una imagen aún más realista de las brutales condiciones del campo, donde murieron más de 50 000 personas antes de su liberación, en 1945, a manos del Ejército soviético.

Experiencias épicas para viajeros en solitario

Ir a un bar o local nocturno y ver qué depara la noche.

—

Apuntarse a un circuito guiado a pie de Original Berlin Tours (originalberlintours.com), gratis, para ver los lugares de interés.

—

Conocer el arte callejero; por Kreuzberg y Friedrichshain se halla la East Side Gallery, una parte del Muro de Berlín.

—

Comerse el panorama gastronómico callejero de Berlín, en timeout.com/berlin se anuncian los locales efímeros más recientes.

—

Dedicar un fin de semana a recorrer mercadillos, como los de Mauerpark y Boxhagener Platz.

CONSEJO

No parar de hacer fotos: es fácil dejarse llevar por la magia de un safari y olvidarse de hacer suficientes.

Lo básico

Nairobi (Kenia), Kigali (Ruanda), Kampala (Uganda), Dar Es Salaam y Zanzíbar (Tanzania)

Respeto por personas LGBTI ★★★★★

Quienes vayan a ver gorilas harán bien en llevar unas polainas para protegerse del barro y el denso sotobosque. Un par de guantes de jardinería viejos ayudarán con los arbustos espinosos.

Los precios y multitudes aumentan en temporada alta (jun-ago), cuando es más fácil avistar animales. La temporada media (sep-feb) es ideal para viajar: el paisaje es más verde y hay menos gente. Las fuertes lluvias entre marzo y mayo impiden acceder a algunas zonas.

$ $

Aventura
Aire libre
Cultura

CIRCUITO EN GRUPO: ÁFRICA ORIENTAL

Si siempre se ha soñado con ver gorilas en la selva de Ruanda, conocer a un jefe masái en Kenia o avistar a los "cinco grandes" en Tanzania, pero no se tiene confianza bastante para viajar a África oriental en solitario, un circuito en grupo es una forma fantástica de convertir ese sueño en realidad.

Aunque la infraestructura turística de África oriental está más desarrollada que en otras muchas partes del continente, no siempre es fácil –ni seguro– moverse en transporte público o conducir, sobre todo si se va solo. Al optar por un viaje organizado, se puede evitar ese estrés y limitarse a disfrutar. Hay operadores económicos de viajes de aventuras, como Intrepid (intrepidtravel.com) y G Adventures (gadventures.com), que suelen ofrecer transporte por carretera y alojamiento en *camping*. Normalmente, se divide en grupos a los huéspedes para que ayuden con las tareas del campamento, como hacer la comida y fregar los platos, lo que contribuye a crear un ambiente de convivencia. Este tipo de viaje, que hay que hacer una vez antes de morir, atrae a una gran variedad de viajeros, jóvenes y mayores, así que seguro que no se es el único que viaja solo entre un puñado de parejas.

Consideraciones clave para quienes viajan solos

Seguridad: Viajar con un circuito aumenta la seguridad, pero no hay que dejar de estar alerta cuando se viaja en solitario. Se recomienda tener mucha precaución al moverse por casi toda África oriental, dado el riesgo

IZQUIERDA No hay duda: acampar en grupo es más divertido.

ARRIBA Historias junto al fuego con otros viajeros.

ABAJO Para excursiones como la del Kilimanjaro, en Tanzania, es más seguro ir en grupo.

DE LUJO

⟶ Si el bolsillo lo permite, contratar un circuito guiado privado por África oriental es una forma fantástica de empaparse bien de esta fascinante región, lejos del ajetreo de las paradas de los viajes en grupo. Conviene recurrir a un operador con experiencia en viajes en solitario, como Expert Africa (expertafrica.com), que ofrece pernoctar, durante los safaris, en campamentos donde no haya muchas parejas de luna de miel. Se dice que los campamentos de safaris en Tanzania tratan especialmente bien a quienes viajan solos.

© ROBERT PETERNEL / 500PX

de delitos graves y terrorismo.

Salud: Los virus se propagan con rapidez entre viajeros que van apiñados en coches durante varios días, por lo que conviene llevar medicamentos para el resfriado y la gripe. Los que estén enfermos no deben ir a ver gorilas, ya que las infecciones humanas pueden ser letales para estos simios en peligro.

Presupuesto: Los viajes organizados a África oriental lo incluyen casi todo, aunque hay que prever dinero para actividades opcionales, alcohol y propinas para guías, chóferes y cocineros.

Libros para la mochila

Guías de viaje de África oriental y guías de conversación de suajili de Lonely Planet

⟶

Volando solo, **de Roald Dahl**

⟶

Gorilas en la niebla, **de Dian Fossey**

⟶

Un grano de trigo, **de Ngugi wa Thiong'o**

© MICHAEL HEFFERNAN / LONELY PLANET

© RENATO GRANIERI / ALAMY STOCK PHOTO

DERECHA Un par de prismáticos ayudarán a ver animales menos atrevidos que este de aquí.

ESTANCIAS PLACENTERAS

★ Si se parte de Nairobi (Kenia), se pueden pasar unas noches para aclimatarse en **Wildebeest Eco Camp,** que ofrece alojamiento de lujo en tiendas más barato que en los campamentos de safari normales. Está en un frondoso parque, con piscina abierta todo el año y una fantástica chimenea comunal. También se puede comer. (wildebeestecocamp.com)

★ Si se quiere pasar unos días de playa al final del viaje, se recomienda el albergue **Drifters Backpackers,** en Paje, una de las localidades costeras más populares de Zanzíbar. Está dirigido por y para viajeros; ofrece un lugar limpio, seguro y acogedor para dormir, a pocos pasos de la preciosa playa de Paje. Sus veladas con barbacoa son legendarias. (facebook.com/driftersbackpackers)

Experiencias épicas para viajeros en solitario

Ver gorilas en Ruanda. Casi todos los grupos han de gestionar antes los permisos. Quienes viajen solos deben ponerse en contacto previamente con el Comité de Desarrollo de Ruanda. De camino, hay que parar en el Centro en Memoria del Genocidio de Kigali.

—

Pasar junto a hipopótamos, elefantes y cocodrilos por el canal de Kazinga, en el Parque Nacional Queen Elizabeth de Uganda.

—

Divisar grandes felinos en uno de los muchos parques de safari.

—

Visitar una tribu masái en Kenia con un circuito.

—

Relajarse en las playas de arena blanca de Zanzíbar (Tanzania).

Singapur es una de las ciudades más verdes del mundo

Lo básico

Singapur

Respeto por personas LGBTI ★★☆☆☆

Gorro, crema solar, agua y paraguas son indispensables para patear las húmedas aceras de Singapur. Hay que dejar el chicle en casa: está prohibido en esta ciudad-Estado.

Singapur tiene clima tropical y húmedo todo el año. Las vacaciones escolares caen en junio, el mes más cálido (y neblinoso), por lo que conviene evitarlo, si es posible.

$ $ $

Comida y bebida
Cultura
Aventura

ESCALA EN SOLITARIO: SINGAPUR

Con uno de los mejores sistemas de transporte público del mundo (incluidas las conexiones con el aeropuerto), un sinfín de lugares de interés y puestos de deliciosa comida callejera en cada esquina, hay pocas ciudades más fáciles de recorrer en solitario que Singapur.

Quizá sea una de las ciudades más caras del mundo, pero se puede visitar sin gastar mucho.

Hay bastantes museos y galerías gratis, como Baba House y Gillman Barracks, y muchos otros, como Chinatown Heritage Centre e Indian Heritage Centre, tienen excelentes audioguías. También es gratis pasear por sus fantásticas zonas verdes, como el Jardín Botánico de Singapur y los parques y jardines de Gardens by the Bay, un mundo de fantasía futurista de la botánica.

Los albergues de Singapur han mejorado últimamente y quienes viajen solos tienen más opciones para dormir en un lugar acogedor por menos de lo que cuesta un hotel, mientras que la comida callejera hace que sea muy fácil comer fuera. Aunque en la ciudad-Estado hay cuatro idiomas oficiales, es difícil encontrar a gente que no hable inglés.

Consideraciones clave para quienes viajan solos

Presupuesto: ¡Hay que empezar a ahorrar! Por 100 US$/día se puede dormir en un albergue aceptable, comer en puestos callejeros, entrar al menos a uno de los principales museos y tomar un par de cervezas locales.

Salud: Aunque Singapur puede ser uno de los países más limpios del mundo, el dengue continúa siendo un peligro (incluso en zonas urbanas), por lo que no hay que olvidar el repelente de insectos.

Costumbres locales: Si bien Singapur tiene un floreciente panorama gay, conviene recordar que el sexo entre hombres es ilegal.

Libros para la mochila

Guías de viaje de Singapur de Lonely Planet

***Crazy Rich Asians*, de Kevin Kwan**

***A Tiger in the Kitchen*, de Cheryl Lu-Lien Tan**

***Far Eastern Tales*, de W. Somerset Maugham**

CONSEJO

Para reservar una mesa en un centro de puestos de comida con mucha gente, solo hay que dejar un paquete de pañuelos en el asiento, que significa "este sitio es mío" en el lenguaje gastronómico de Singapur.

© NEIL SETCHFIELD / ALAMY STOCK PHOTO

© IVAN TYKHYI / 500PX

© BETTINA JOHAE / SHUTTERSTOCK

ARRIBA La arquitectura de Singapur incluye desde modernos mercados hasta coloridos edificios históricos.

ESTANCIAS PLACENTERAS

★ **Adler Hostel** se anuncia como "albergue de lujo", con edredones de plumas y artículos de aseo gratis de Malin+Goetz, perfecto para viajeros en solitario que busquen algo más de lujo que en un albergue al uso. Está en el corazón de Chinatown, cerca de estupendos centros de puestos de comida, como Chinatown Complex, donde se puede disfrutar de una comida con estrella Michelin por tan solo 1,10 S$ en el puesto Hong Kong Soya Sauce Chicken Rice and Noodle. (adlerhostel.com)

★ El alojamiento más imaginativo de Singapur está en **Wanderlust Hotel,** donde la habitación puede parecerse a cualquier cosa, desde una casa en un árbol hasta una nave espacial. Este extravagante hotel-*boutique*, en el colorido distrito de Little India, tiene un bar (y restaurante) en la planta baja, perfecto para conocer gente (wanderlusthotel.com), y una buena selección de revistas digitales a disposición de los huéspedes que se conecten a la red wifi del hotel.

CICLISMO POR PULAU UBIN

Si se necesita descansar del ajetreo de la ciudad, se puede retroceder al Singapur de antaño en una excursión de un día, sin guía, a Pulau Ubin. La mejor forma de recorrer esta tranquila isla selvática, frente a la costa norte de Singapur (se llega fácilmente en autobús y gabarra desde la ciudad), es a pedales. Es fácil alquilar bicicletas en los distintos negocios que hay junto al muelle. Se puede ir hacia los humedales de Chek Jawa, en el extremo oriental de la isla, con una pasarela costera de 1 km, y la Jejawi Tower, una torre de 20 m de altura que ofrece vistas panorámicas del litoral y desde la que no es difícil ver monos paseándose por las cimas de los árboles.

Experiencias épicas para viajeros en solitario

Descubrir sitios nuevos en un circuito gastronómico ofrecido por Betel Box (betelbox.com).

—

Pasear entre museos y galerías, como la nueva National Gallery Singapore.

—

Ir a los cafés y tiendas de Tiong Bahru, un barrio residencial de la década de 1930, hoy gentrificado.

—

Pasear de noche bajo las luces de Marina Bay.

—

Recorrer los fascinantes lugares de culto de Singapur, desde mezquitas y templos chinos hasta iglesias anglicanas y templos hindúes. No hay que olvidar taparse los hombros y rodillas antes de entrar.

CONSEJO

Buscar los bares de aperitivo de Roma, donde el precio de la bebida lleva incluida comida de bufé. Freni e Frizioni (freniefrizioni.com), en el Trastévere, es uno de los mejores.

Lo básico

Los pies agradecerán unas sandalias o zapatillas cómodas. Hay que taparse los hombros y rodillas para visitar el Vaticano, incluida la Basílica de San Pedro.

Roma (aeropuertos Leonardo da Vinci-Fiumicino y Ciampino)

Respeto por personas LGBTI ★★★★☆

Entre junio y agosto es cuando hay más turistas en Roma. En temporada media (abr-jun y sep-oct) hace buen tiempo y hay menos gente.

$

- Cultura
- Comida y bebida
- Aire libre

CULTURA: ROMA

Si siempre se ha soñado con ir a Italia y no se quiere esperar más a que se sume un compañero, Roma es el lugar perfecto donde comenzar la aventura del viaje en solitario. Puede que sea una ciudad grande y bulliciosa, pero el viajero jamás se sentirá un bicho raro entre los otros 14 millones de turistas que visitan este epicentro de la cultura cada año.

Desde iconos de la Antigüedad, como el Coliseo y el Foro Romano, hasta la descomunal obra de arte del Renacimiento que es la Basílica de San Pedro, el paisaje de Roma es un espectáculo emocionante. Sea para dos días o dos semanas, hay tanto que ver que no se corre apenas el riesgo de aburrirse.

Roma tiene un transporte público aceptable, pero es una ciudad para peatones: si se tienen fuerzas, se puede ir a pie a casi todos los lugares imprescindibles. Conviene pertrecharse de un buen mapa, pero es mejor no planificar en exceso y dejar un margen de tiempo para intercalar un *espresso, gelato, vino* y *pizza al taglio* (por porción) entre las visitas a las ornamentadas *piazzas* y las refinadas iglesias. La mitad de la diversión de explorar Roma consiste en perderse. Que no dé vergüenza pedir indicaciones: uno no será el primer viajero en solitario absorbido por la magia de la ciudad eterna.

IZQUIERDA Recorrer el majestuoso Foro Romano es todo un placer. DERECHA Visitar la Fontana di Trevi por la noche permite evitar las multitudes.

Consideraciones clave para quienes viajan solos

Idioma: En general, con el español no se tendrán muchos problemas para entenderse; aun así es útil

© NICO DE PASQUALE PHOTOGRAPHY / GETTY IMAGES

© ANDREA CALANDRA / 500PX

© JUSTIN FOULKES / LONELY PLANET, SPOOH / GETTY IMAGES

Libros para la mochila

Guías de viaje de Roma y guías de conversación y diccionarios de italiano de Lonely Planet

⟶

***Una giornata nell'antica Roma*, de Alberto Angela**

⟶

***Rome Tales*, de Helen Constantine (ed.)**

⟶

***La primavera romana de la señora Stone*, de Tennessee Williams**

DERECHA Roma está llena de evocadoras terrazas para comer.

ABAJO Se aprenderá a adorar la *pizza* en su versión más simple.

repasar algunas frases habituales (y gestos: se cree que los italianos usan unos 250 al día).

Seguridad: Roma es una ciudad segura, pero los hurtos pueden ser un problema y los carteristas abundan en zonas turísticas y en el abarrotado transporte público. Conviene aplicar el sentido común y vigilar los objetos de valor.

Superar la soledad: Los circuitos guiados a pie de, por ejemplo, Walks of Italy (walksofitaly.com) permiten descubrir los rincones ocultos de Roma (como sus criptas y catacumbas) y son una oportunidad fantástica de conocer gente.

© CATARINA BELOVA / SHUTTERSTOCK

© SEZER ALCINKAYA / GETTY IMAGES

LAS MANOS EN LA MASA

⟶ Si hay una actividad que todo viaje a Italia debe incluir, es una clase de cocina. En Roma hay infinidad de opciones; si se busca algo más personal, lo mejor es una clase con el cocinero local David Sgueglia della Marra, que lleva a los alumnos al mercado de Campo de' Fiori por la mañana, para comprar ingredientes con los que aprender a elaborar un almuerzo de cuatro platos en su *loft* de la *piazza* Argentina. Para quien prefiera dedicar el día a visitar la ciudad, también ofrece una clase nocturna que empieza con un cóctel antes de aprender a preparar pasta fresca (acookingdayinrome.com).

ESTANCIAS PLACENTERAS

★ Uno de los mejores albergues de Roma es el sofisticado **Generator Rome**, en el animado barrio de Monti. En sus siete plantas de diseño se reparten 12 dormitorios colectivos (con cuatro camas) y 53 habitaciones privadas, en torno a un bonito bar con decoración de la vieja Habana y un salón *chill out*, perfecto para alternar. (generatorhostels.com)

★ A solo dos manzanas de la estación Termini, el coqueto (y ecológico) **The Beehive** tiene dormitorios colectivos y habitaciones privadas, pero su ambiente es más de casa de huéspedes. Ofrece tres encantadoras "zonas de confort" (con cafetería incluida) donde descansar tras un largo día de patear las calles adoquinadas. (the-beehive.com)

Experiencias épicas para viajeros en solitario

Visitar la Basílica de San Pedro y recorrer los 7 km de pasillos de los Museos Vaticanos.

—

Explorar el Foro Romano; en coopculture.it pueden comprarse antes las entradas y así ahorrarse las colas.

—

Salir de noche por el animado barrio del Trastévere.

—

Saborear la *dolce vita* con un *espresso* perfecto: se dice que Sant'Eustachio il Caffè sirve el mejor de la ciudad.

—

Lanzar una moneda a la famosa Fontana di Trevi: la tradición asegura que así se volverá a Roma.

CONSEJO

Portland es una de las ciudades más lluviosas de EE UU, pero abundan los sitios en los que resguardarse. No hay que perderse los túneles de Shanghái (shanghaitunnels.info), donde, a finales del s. XIX y principios del s. XX, se secuestraba a hombres de la zona para venderlos como esclavos a los barcos que pasaban.

Lo básico

Portland

Respeto por personas LGBTI ★★★★☆

En Portland cada cual viste como quiere; es la oportunidad perfecta para adoptar como uniforme la ropa de aventurero.

Portland se anima muchísimo en verano (jun-sep), con un sinfín de festivales. Pero es un buen destino todo el año: sus numerosos museos, cafés y cervecerías entretienen al visitante en los meses más fríos.

$ $

Comida y bebida
Aire libre
Cultura

DESCANSO URBANO: PORTLAND (EE UU)

Portland (Oregón) es una de las ciudades más bonitas de EE UU: tiene todas las ventajas culturales de una gran urbe, pero el ambiente acogedor de un pueblo. También es una de las más ecológicas del país: perfecta para viajeros concienciados que busquen una escapada urbana sostenible.

Con más de una decena de bodegas urbanas, por no hablar de que hay una microcervecera y un tostadero de café en cada esquina, Portland es el paraíso de la bebida. Pero en este bastión de la contracultura cabe mucho más, desde un museo de las aspiradoras hasta un rebaño urbano de cabras, que puede visitarse, en el barrio de Lents. La ciudad abraza el río Willamette y es la mayor metrópoli de Oregón, pero, al ser tan compacta, resulta fácil de recorrer a pie, en transporte público (excelente) o con Biketown, un sistema para compartir bicicletas. Aunque es famosa por sus restaurantes artesanales, tiene más de 500 puestos de comida abiertos a cualquier hora, lo que hace que comer solo sea muy divertido. La mayoría se agrupan en los llamados "pods" (vainas), por lo que es facilísimo probar varios a la vez. Encima, es posible ahorrarse los impuestos en las compras.

Consideraciones clave para quienes viajan solos

Seguridad: Es una de las ciudades más seguras de EE UU, pero no se recomienda pasear de noche a solas por el centro o en la zona industrial del sureste; conviene anotar el número de una empresa

IZQUIERDA El monte Hood corona el deslumbrante horizonte de Portland.

ARRIBA Portland ofrece un sinfín de puestos de comida para elegir.

ABAJO Lo mejor de Portland está al aire libre.

Mil aventuras al aire libre

⋙→ Portland es el punto de partida perfecto para actividades y aventuras al aire libre. Al noroeste del centro, Forest Park tiene más de 129 km de senderos, como Wildwood Trail, de la red National Recreation Trail, que conecta la histórica Pittock Mansion, el Hoyt Arboretum y el Santuario de Vida Salvaje de Audubon. A los amantes de las cascadas les encantarán las de la garganta del río Columbia, al este de la ciudad; se puede ir en coche o con una excursión de una empresa local, como Evergreen Escapes (evergreenescapes.com).

© ERIK ISAKSON / GETTYIMAGES

de taxis, porque no es fácil pararlos por la calle.

Superar la soledad: En los famosos cines-cervecería de Portland se puede disfrutar de comida (¿qué tal *pizza* y cerveza artesanas?) y peli a la vez, un plan cómodo para quien esté harto de comer solo.

Costumbres locales: Portland fue una de las primeras ciudades de EE UU que prohibieron las bolsas de plástico. Conviene traer de casa una bolsa reutilizable (y, ya para nota, también una taza de café).

Libros para la mochila

Guías de la costa oeste de Lonely Planet

⋙→

Fugitives and Refugees: A Walk in Portland, Oregon, **de Chuck Palahniuk**

⋙→

Geek Love, **de Katherine Dunn**

⋙→

Lean on Pete, **de Willy Vlautin**

© JAMIE FRANCIS / TRAVEL PORTLAND

© TRAVEL PORTLAND

ARRIBA En Portland abundan los circuitos por cerveceras.

ESTANCIAS PLACENTERAS

★ En el barrio de Alberta Arts, **Caravan** ofrece seis preciosas casitas, todas distintas, en torno a un espacio de reunión donde todos los días se celebran veladas gratis junto al fuego. Se puede ir a pie a muchos sitios buenos para comer, pero las casitas están equipadas para poder cocinar en ellas. (tinyhousehotel.com)

★ **Travelers' House** es un albergue independiente y muy hogareño, situado en una casa reformada con esmero, 1500 m al oeste de Caravan. Es un lugar muy acogedor donde reina un espíritu de confraternidad y se anima a los huéspedes a relacionarse entre sí (a partir de las 22.00, fuera, para no molestar a los demás). (travelershouse.org)

Experiencias épicas para viajeros en solitario

Apuntarse a un circuito por los puestos de comida callejera de la ciudad, p. ej., con Food Carts Portland (foodcartsportland.com).

—

Recorrer Powell's City of Books, la librería independiente más grande del mundo, que ocupa casi una manzana.

—

Pasear por los parques de Portland; imprescindible, el centenario International Rose Test Garden.

—

Explorar el barrio Alberta Arts; el último jueves del mes se organizan distintos eventos artísticos.

—

Visitar cerveceras con un circuito de Brewvana (brewvana.com).

Lo básico

Ladyville (Belice), Chetumal y Cancún (México)

Respeto por personas LGBTI ★★★☆☆

Julio es el mes perfecto para los amantes de la langosta: Lobsterfest es un festival para probar todos los platos imaginables con langosta (sí, también helado de langosta).

De diciembre a abril, cielos despejados y mucha gente; noviembre y mayo son secos (aunque hay humedad) y con menos turistas. Peligro de huracanes entre junio y noviembre, cuando también llueve mucho.

$

- Playa
- Relax
- Comida y bebida

ESCAPADA A ISLA TROPICAL: CAYO CORKER (BELICE)

No hay que estar de luna de miel para ir a una isla tropical. Sobre todo, si esta es Cayo Corker, una de las más bonitas y acogedoras de Centroamérica (si no de todo el Caribe) y un paraíso del submarinismo y el buceo.

IZQUIERDA Preciosas casitas de vivos colores en la playa.

© SIMÓN VELÁZQUEZ / 500PX

© MATTEO COLOMBO / GETTY IMAGES

© LEANNE WALKER / GETTY IMAGES

ARRIBA Balancearse en una hamaca o ponerse las gafas de buceo: difícil elección.

A poca distancia en ferri desde Ciudad de Belice o el estado mexicano de Quintana Roo, esta isla de colores pastel, sin coches, siempre ha sido fantástica para quienes viajan solos, gracias a su pequeño tamaño y su ambiente relajado, perfecto para mochileros, que atrae a un público tranquilo e internacional. Es fácil dejar pasar los días en The Split, la playa principal, pero hay muchas más actividades que hacer: desde bucear sobre arrecifes multicolor hasta hacer kayak por las partes menos visitadas, ¡aunque siempre atentos a los cocodrilos! Se puede conocer a otros viajeros en la hora feliz vespertina de los bares de *reggae* antes de ir a disfrutar de la deliciosa cocina criolla a un restaurante o un puesto callejero.

Consideraciones clave para quienes viajan solos

Seguridad: Aunque es un lugar seguro al que ir en solitario, para llegar a Cayo Corker puede ser necesario moverse por Ciudad de Belice, famosa por su criminalidad. Hay que evitar pasear de noche a solas por la capital, así como por calles poco transitadas de Cayo Corker.

Salud: Cuando se publicó esta obra, había presencia del virus del Zika en Belice, por lo que conviene embadurnarse bien de repelente de insectos, que también protegerá de las moscas de arena que hay en algunas playas.

Presupuesto: Belice es un poco más caro que otros países de Centroamérica. Bucear en el Gran Agujero Azul (se puede hacer desde Cayo Corker) puede costar alrededor de 260 US$.

Libros para la mochila

Guías de viaje de Belice de Lonely Planet

Beka Lamb, de Zee Edgell

***The Last Flight of the Scarlet Macaw*, de Bruce Barcott**

***How to Cook a Tapir*, de Joan Fry**

CONSEJO

Llevar el equipo de buceo propio permite ahorrarse el alquiler.

© PNIESEN / GETTY IMAGES

© SARAH REID

IZQUIERDA Una tortuga boba se desliza por las aguas turquesa cerca de Cayo Corker.

IZQUIERDA Un festín de comida callejera junto a la playa.

ESTANCIAS PLACENTERAS

★ El albergue más bonito (y tranquilo) de la isla es el colorido **Yuma's House Belize,** a pocos pasos de la terminal de ferri. Tiene cocina compartida, su propio muelle y un precioso jardín con palmeras y hamacas, perfecto para hacer amigos en torno a unas Belikin, la marca de cerveza local. Justo al lado está Dirty McNasty's Hostel, perfecto para ir de marcha. (yumashousebelize.com)

★ **Seaside Cabanas Hotel** ofrece algo más de lujo. Las habitaciones del edificio principal, pintado de amarillo, dan a una preciosa piscina con muchas tumbonas: el lugar ideal para hacer amigos. Las cabañas frente al mar ofrecen más privacidad y cada una tiene su propio *jacuzzi* en la azotea. (seasidecabanas.com)

EXCURSIÓN A TIERRA FIRME

⟶ Si se quiere variar un poco de la vida isleña, se puede hacer una excursión de un día a tierra firme, para conocer algo más de Belice, aparte de sus idílicas islas. Desde Cayo Corker hay bastantes opciones (consúltese tsunamiadventures.com), desde excursiones a las ruinas mayas de Lamanai, ocultas en la jungla hasta que empezaron a excavarse en la década de 1970, hasta descensos sobre flotadores por el río Sibun, el "río de las cuevas" de Belice. Tal vez haya que esperar a que alguien más se apunte, por lo que conviene inscribirse nada más llegar, para así tener más oportunidades.

Experiencias épicas para viajeros en solitario

Holgazanear en la arena de The Split, playa formada por un huracán que partió Cayo Corker en dos. El bar Lazy Lizard, al lado, pone la música y la cerveza.

—

Bucear en la reserva marina de Cayo Corker, donde abundan las tortugas y los tiburones.

—

Tomar ron en un paseo en barco por la isla al atardecer con Raggamuffin Tours (raggamuffintours.com).

—

Avistar manatíes en una excursión al Santuario de Vida Salvaje de Cayo Swallow.

—

Probar la deliciosa comida criolla callejera: pescado, pollo y langosta hechos a la parrilla por simpáticos lugareños.

CONSEJO

Para comer sin gastar mucho, hay que buscar restaurantes tailandeses, que son en Australia lo que los indios en el Reino Unido o los chinos para llevar en EE UU.

Lo básico

En Australia se dan algunos de los niveles de radiación UV más altos del mundo; la Asociación Australiana del Cáncer recomienda usar protección SPF30 o superior.

Sídney, en Nueva Gales del Sur; Brisbane, Cairns y Gold Coast, en Queensland

Respeto por personas LGBTI ★★★★☆

Conviene reservar si se va en verano (dic-feb). En Sídney, las temperaturas pueden bajar de 10°C en junio, julio y agosto, la mejor época para visitar el extremo norte de Queensland.

$ $ $

Aventura
Aire libre
Playa

'ROAD TRIP': COSTA ESTE DE AUSTRALIA

Desde deslumbrantes capitales costeras y plácidos pueblos pesqueros hasta espectaculares parques nacionales y playas desiertas que parecen infinitas, la Costa Este de Australia deja con la boca abierta. El road trip clásico de Sídney a Cairns también es uno de los más fáciles de hacer si se va solo.

Conducir por la asombrosa costa oriental australiana es pan comido. No hay más que seguir la carretera que serpentea por el perímetro este del país, hacia el interior desde la costa, desviándose para conocer ciudades costeras y pueblos de interior si se desea. Es raro que pase más de media hora sin ver una gasolinera o supermercado, y hay decenas de *campings* fantásticos para pernoctar y conocer a otros viajeros.

Si se odia conducir, hay buenas conexiones en autobús entre los principales núcleos turísticos, como Sídney, Byron Bay, Gold Coast, Brisbane, Noosa, Airlie Beach y Cairns. Al anochecer, se pueden ver walabíes y canguros pastando junto a las cunetas. Entre mayo y noviembre es más fácil ver ballenas en su migración mientras se recorre la costa.

Consideraciones clave para quienes viajan solos

Presupuesto: Australia es un país caro. Una cama en un dormitorio colectivo puede costar 35 AU$ en la Costa Este. Alquilar una furgoneta *camperizada* cuesta más o menos lo mismo (pruébese hippiecamper.

IZQUIERDA Amanecer desde el faro del cabo Byron.
DERECHA Recorrido en todoterreno por las playas de la isla de Fraser.

Libros para la mochila

Guías de viaje de Australia de Lonely Planet

⋙⟶

***Los trazos de la canción* de Bruce Chatwin**

⋙⟶

***Puberty Blues*, de Gabrielle Carey y Kathy Lette**

⋙⟶

***Flores en el pantano*, de Ruth Park**

⋙⟶

***En las antípodas* e *In a Sunburned Country*, de Bill Bryson**

com). Hacerse la comida puede permitir un cierto ahorro y las panaderías de los pueblos son famosas por sus delicias recién horneadas y baratas.

Superar la soledad: Si se conduce y se acampa, la interacción social puede ser limitada. Cuando apetezca compañía, se puede recurrir a actividades organizadas por los albergues abiertas también a quienes no sean huéspedes, así como a las guías del ocio para conocer los *pubs* de la zona.

Seguridad: Las playas australianas están entre las más peligrosas del mundo; hay que quedarse siempre entre las banderas de color rojo y amarillo y no bañarse nunca solo si no se es experto o no se saben detectar condiciones peligrosas, como la resaca.

© KYLE TAYLOR / 500PX

© SUZANNE MARSHALL / GETTY IMAGES

© FRANCESCO RICCARDO IACOMINO / GETTY IMAGES

AVENTURA ISLEÑA

⋙⟶ No sería un viaje por la Costa Este de Australia si no incluyera un desvío a Fraser. Esta isla de arena –la más grande del mundo–, Patrimonio Mundial, es el destino de naturaleza australiano por excelencia. Para evitar el riesgo de estropear un coche de alquiler por sus abruptas carreteras de arena, se puede hacer un circuito de acampada de varios días (p. ej., con dropbearadventures.com.au), en el que disfrutar de los atractivos de la isla, como bañarse en las aguas cristalinas del lago McKenzie, visitar el pecio del *Maheno*, conducir entre los imponentes bosques australianos y avistar la especie más famosa de la isla: el dingo.

ARRIBA Las playas desiertas y las idílicas islas de la Costa Este de Australia invitan a sumergirse en ellas.

DERECHA Subir al puente de la bahía de Sídney permite ver la ciudad desde otra perspectiva.

© THE TRINITY / GETTY IMAGES

Estancias placenteras

★ La fantástica azotea del elegante Sydney Harbour YHA ofrece unas vistas insuperables de la bahía de Sídney, hacia el puente de la bahía. Está en The Rocks, el barrio más antiguo de Sídney, por lo que es perfecto para visitar a pie los principales atractivos de la ciudad. (yha.com.au)

★ Hay más de mil plazas de albergue en la emblemática capital surfera del estado, Byron Bay, pero, si se prefiere el confort a la marcha, lo mejor es **The Atlantic.** Las zonas comunes de este B&B céntrico y elegante (con piscina, fuego, cocina y tumbonas a la sombra) crean un fantástico ambiente de camaradería. (atlanticbyronbay.com.au)

Experiencias épicas para viajeros en solitario

Extender la toalla en la emblemática playa Bondi, en Sídney, y pasear hasta la playa Bronte.

—

Aprender a hacer surf en Byron Bay; hay muchas escuelas para elegir.

—

Recorrer en coche los singulares pueblos y asombrosas cascadas que salpican el interior de la costa norte de Nueva Gales del Sur.

—

Ir de excursión a la Gran Barrera de Coral; si se contrata en un albergue de Cairns o Airlie Beach será más fácil coincidir con otros viajeros.

—

Hacer senderismo por el antiguo abismo esmeralda del bosque pluvial de Daintree, en el norte de Cairns.

LAKE SUPERIOR

INSPIRACIÓN:
TESTIMONIOS

© MATT PARISH

"LO QUE UN PASEO POR LA NIEVE

"Un viaje navideño a los Alpes fue una de las muchas cosas que hacía por primera vez: el primer viaje sola a Europa, la primera vez que usaba raquetas de nieve y la primera vez que fui consciente de que estar enganchada al móvil podría haberme puesto en una situación peligrosa.

Tras haber vivido casi siempre en climas cálidos y húmedos, verme de vacaciones entre la nieve de un paraíso invernal era una maravilla. No tenía experiencia de ningún tipo con el montañismo; mi relación con los deportes de invierno empezó (y acabó) en una pista de esquí para novatos durante unas vacaciones familiares a Colorado, siendo adolescente. Fue una victoria bochornosa que me dejó llena de cardenales y jamás lo volví a intentar.

Pero no iba a contentarme con viajar tan lejos y no ver la nieve más que por la ventana. Tenía que salir y empaparme de la naturaleza alpina... y sacar unas cuantas fotos buenas para subirlas a Instagram. No merecía la pena darle otra oportunidad al esquí y el *snowboard* ni me lo planteaba, así que el dueño de mi albergue, Doug, me animó a que probara con las raquetas de nieve.

Había un sendero cercano que terminaba en un refugio junto a las pistas donde podía coger un trineo individual y bajar la montaña una vez terminada la ruta. Doug me convenció de que sería muy fácil y mencionó que otro par de huéspedes acababa de empezar el mismo sendero hacía 15 minutos y que seguro que los alcanzaría. Me sujetó a los pies lo que me parecieron unos esquís en miniatura; confieso que, cuando me propuso lo de las raquetas, pensé que se parecerían más a las de tenis de toda la vida, las de madera. Una vez estuve pertrechada, Doug me sacó una foto rápida al

ME ENSEÑÓ SOBRE VIAJAR EN SOLITARIO"

inicio del sendero y me mandó en busca de los otros.

Tras 20 minutos paseando tranquila por el sendero, me di cuenta de que no había ni un alma por allí cerca; la nieve era tan densa que envolvía la montaña en silencio y, hasta entonces, no se me había ocurrido mirar al suelo en busca de huellas en el sendero que me confirmaran que no estaba totalmente sola en aquel paraje agreste. Había señales suficientes para ir siguiendo bien el sendero, así que me dejé llevar por la sensación de soledad y pequeñez a la sombra de los picos. Ahí estaba yo, dentro de mi propia bola de nieve, cada vez más contenta, sacando fotos y más fotos con mi iPhone. No sentía ninguna vergüenza por hacerme tantos *selfies:* los otros únicos seres vivos que me crucé fueron una cierva y su cervatillo, que ni se inmutaron ante mi narcisismo e ingenuidad.

Decir que iba mal preparada era quedarse humillantemente corta. No se me había ocurrido llevar conmigo ni un solo artículo de primera necesidad, como agua, brújula o mapa; aparte de la ropa que llevaba en la mochila y los miniesquís de los pies, mis únicas posesiones eran el móvil, una cámara de plástico y un carrete extra de 35 mm que no llegué a usar.

Una ruta que en teoría iba a hacer en una hora acabó durando varias. Acabé con la batería del móvil casi agotada y sin cobertura bajo un sol que se iba poniendo rápidamente.

Tras haberme dejado fascinar por la inmensidad y belleza que me rodeaban, me enfurecí al darme cuenta, mientras recorría fatigosamente aquellas colinas, de que había dejado que los caprichos de la tecnología mermaran mi sentido común. Era una novata en muchos aspectos, pero lo más grave es que mi afán por documentar todo lo que iba viendo me había costado muchísimo tiempo. Me reprendí por no haber fijado más imágenes en mi memoria, en lugar de en la cámara del móvil, para no perder tanto tiempo y, en última instancia, garantizar que saliera a salvo de aquella montaña.

Mi paso inestable y forzado, impulsado por las palabras con las que iba animándome, me llevó al fin a aquel refugio de montaña cuando el sol estaba ya desapareciendo en el horizonte. Tras un intercambio de miradas confusas y unas frases indescifrables en alemán con un empleado, cargué por fin las raquetas en el trineo de metal y bajé la pista con un suspiro de alivio, hacia el crepúsculo bávaro, mientras juraba no cometer nunca más una estupidez así."

MASOVAIDA MORGAN, EDITORA DE LONELY PLANET

© MATTHEW TURK

"DE CÓMO MI PRIMER VIAJE

"Tenía 21 años cuando hice el viaje que me cambió la vida: una aventura de seis semanas por Europa, yo sola. Estaba pasando un mal momento antes de prepararlo; no me sentía feliz con mi vida ni con mi relación. Un familiar cercano acababa de fallecer y yo estaba destrozada. Recuerdo muy bien estar en mi mesa del trabajo, intentando contener las lágrimas. Estaba enfadadísima, muy frustrada y agobiada por lo desdichada que me sentía. Solo podía pensar: 'Necesito que pase algo en mi vida. Necesito algo grande'. Sin pensarlo demasiado, me metí en una web de reserva de vuelos y encontré un billete de ida barato a París. Cogí la tarjeta de crédito, con las manos temblándome, y lo compré.

Comprar ese billete me llenó de emoción. Era la primera vez que tomaba la iniciativa de hacer algo grande para mí misma. Me imaginé que ya me las apañaría con el resto del viaje y, cuando llegó el momento, me apunté al circuito organizado más largo que encontré y amplié mi estancia en París y Londres. Entonces no lo sabía, pero acabé conociendo a quien hoy es uno de mis mejores amigos y viví una aventura que me cambió la vida para siempre.

Antes de decidir a última hora ir sola, intenté convencer a algunos amigos de que vinieran conmigo, pero no recibí más que promesas vacías y falsas esperanzas. Me di cuenta de que ya no podía dejar más mi vida –y mis ganas de viajar– en pausa, esperando que otros me ayudaran a vivir la vida que quería. Tenía que hacerme cargo de mi propio destino y ser lo bastante valiente para ir sola.

Recuerdo cómo me sentí en el aeropuerto, sola, esperando a que

EN SOLITARIO LO CAMBIÓ TODO"

saliera el avión hacia París, tras haberme despedido de mi novio (que no podía acompañarme), sabiendo que tardaría seis semanas en verlo otra vez. Me abrumaba la mezcla de miedo, ansiedad y emoción por la aventura que tenía por delante. Veinticuatro horas después, cuando por fin empecé a ver los tejados de París por la ventanilla, empecé a llorar (fue un poco incómodo). Ahora pienso que tuvo que ser todo el estrés que, por fin, estaba dejando salir. Me sentía muy feliz de estar allí.

Aquel viaje me llevó a sitios increíbles, como Londres, París, Roma, Santorini y Dubrovnik, y me enseñó muchas cosas sobre mí misma y el mundo. También me aportó una enorme claridad. Recuerdo estar sentada en una piedra en Meteora, en Grecia, con una extraña sensación de calma recorriéndome el cuerpo. Y de pronto me di cuenta de que aquello era lo que quería en mi vida: viajar y verme en situaciones como esa, inmersa en aventuras locas y fabulosas.

Aquel momento me llevó al punto donde estoy ahora, en el que me dedico a tiempo completo a mi blog de viajes. Mi gran sueño era ser escritora de viajes, pero no tenía confianza suficiente en mí misma para intentarlo. Mi viaje en solitario prendió la mecha y me ayudó a empezar a crear la confianza necesaria para perseguir mis sueños. También hizo que mi novio y yo nos diéramos cuenta de que queríamos viajar juntos, y ahora estamos casados y recorremos el mundo haciendo vídeos y fotos, y escribiendo contenido para el blog.

Mi primer viaje sola vino motivado por el miedo, la frustración y la desesperación. Ahora, lo que me mueve es la pasión por la aventura, una confianza innata en mí misma y el valor que doy a mi felicidad. Me ha llevado nueve años y mucho trabajo llegar a este punto, pero me alegro de haber pasado por ello y haber aprendido todo lo que sé. Sobre todo, me alegro de haber dejado de esperar a los demás y de haber empezado a depender solo de mí para ser feliz, porque, cuando lo hice, mi vida entera cambió."

PHOEBE LEE,
BLOGUERA DE VIAJES,
LITTLEGREYBOX.COM

© GEORGINA BROWN

"EL VIAJE EN SOLITARIO

"Mientras un empleado del telesilla me empujaba bruscamente para ponerme otra vez en pie y yo clavaba con torpeza los bastones en la nieve, lo único que vi más claro que el deslumbrante sol primaveral sobre los majestuosos picos nevados de Mayrhofen era que mi compañero Jon era un completo idiota.

La primera vez que lo pensé fue en el aeropuerto de Heathrow, cuando la azafata le cerró amablemente el paso en la puerta de embarque. Habíamos pasado sin problemas por el mostrador de facturación y por seguridad y habíamos tomado algo rápido de comer y una cerveza sin que nadie se diera cuenta de que su pasaporte estaba caducado. De pronto, a pocos metros del avión, a Jon estaban diciéndole que iban a sacar su maleta del avión y a llevárselo otra vez hacia el control de seguridad.

Habíamos planeado aprender a esquiar en el festival de música Snowbombing, en los Alpes. Seguro que no era tan difícil. Nos animaríamos y nos ayudaríamos el uno al otro a levantarnos cuando nos cayéramos. Al final de la semana, estaríamos bajando ya por las pistas rojas. ¡Por las negras incluso! Pero, desde que lo mandaron de vuelta a su casa, cada vez me preocupaba más no tener otra compañía que mi sombra. ¿Con quién iba a esquiar? ¿Cómo iba a hacer amigos? ¿Podría tomar *schnapps* yo solo?

Así es como me vi, solo, en lo alto de una montaña austriaca, vestido con ropa chillona de segunda mano. Caerme de bruces del telesilla cuando la barra de seguridad se levantó no fue más que la guinda del pastel de tres pisos en que se convirtió aquel mojón de día.

Tampoco es que fuera una expedición de aventura extrema –no iba a abrirme paso a machetazos ni a beberme mi propia orina para sobrevivir–, pero la perspecti-

¡MPREVISTO QUE AL FINAL ME VINO BIEN"

va de estar solo era desalentadora. Solo salir de la jungla de la tienda de alquiler de esquís, cargado con las botas, los bastones, los esquís y un casco, me parecía una victoria.

Pero las buenas historias no salen de quedarse en una habitación de hotel barato comiendo patatas fritas y viendo la tele, así que me puse ropa interior térmica y me enzarcé en una clase de esquí de 1 h en una pista para principiantes. Las aventuras empiezan cuando te aprietas los machos, aunque retorcerme la rodilla mientras aprendía a moverme por la nieve me pareció demasiado apretar.

Una hora después, estaba balanceándome al borde de una pista absurdamente empinada. Otros esquiadores se preparaban a mi lado, se pasaban las cintas de los bastones sobre los guantes y se arrojaban al abismo. Yo jamás me habría imaginado que mis últimos momentos sobre la Tierra incluirían unas gafas empañadas y *One More Time*, de Daft Punk, atronando en un bar cercano, pero, cuando la poesía se escribe a sí misma, suele ocurrir lo inevitable, así que me lancé.

Resultó que las pistas rojas eran bastante fáciles: una vez que aprendí a caerme de lado, la cosa avanzó rápidamente. No tardé en ser capaz de levantarme con la ayuda de los bastones; luego los esquís salían pista abajo con mis piernas sujetas a ellos y yo caía con un 'plop' lento y muy digno.

Estaba brindando por mi supervivencia en el bar forrado de madera de mi hotel cuando apareció una mujer con gafas grandes de montura transparente. Kara tenía una sonrisa del tamaño de Groenlandia y una historia parecida a la mía. También iba a estar sola un par de días, así que, siguiendo la costumbre local, pedimos Jägerbombs y brindamos por nuestra nueva amistad.

En cuestión de horas, habíamos congregado a una legión de colegas nuevos, como Nick, un chico del norte que se había quitado la camiseta y se la había enrollado en la cabeza para bailar *drum 'n' bass*. Nos pasamos el resto de la semana en bares con el suelo pegajoso donde los altavoces nos martilleaban los tímpanos y fuimos de marcha a un iglú en el que el camarero nos estuvo echando el vodka directamente garganta abajo.

Nick hasta me enseñó a esquiar (o casi, maldita sea). Eso es lo bueno de viajar solo: en realidad nunca estás solo, es que aún no sabes cómo se llaman tus compañeros. Me lo pasé tan bien que al año siguiente fui solo al Snowbombing y me lo pasé igual de bien. Jon, mientras tanto, aún no ha renovado el pasaporte."

DANIEL FAHEY,
EDITOR DE LONELY PLANET

"VIAJAR SOLA NO ES SIEMPRE MI

"Soy la primera en admitir que viajar sola no es siempre mi primera opción. Me encanta viajar con mi marido; de hecho, hemos estado juntos en más de 60 países y es el mejor compañero de viaje que he tenido jamás. Me encanta aún más viajar con mi hija de 2 años: me enseña el mundo desde otra perspectiva y le da para mí un nuevo sentido a viajar. Pero, al ser bloguera de viajes y adicta a viajar, suelo ir sola por encargos que me hacen y para investigar. He estado en más de 110 países de todos los continentes, la mitad de los cuales he recorrido en solitario. Acabo de volver de Etiopía, adonde fui sola, y hace tres meses estuve recorriendo Kirguistán, sola, por trabajo. El año pasado, por esta época, fui sin nadie más a Ghana, Togo y Benín.

No voy a mentir: puede ser muy difícil estar lejos de mi hija y a veces me siento sola. En ocasiones, puede resultar hasta escalofriante y abrumador; sobre todo, en lugares remotos del mundo. Pero viajar sola es muy gratificante y me ha aportado vivencias sorprendentes que no habría tenido yendo acompañada. No hay mejor ejemplo que mi primer viaje en solitario. Fue el que me enganchó a viajar y al estilo de vida que ello conlleva.

A los 20 años, salí de mi país, Singapur, a Estados Unidos, con un billete de ida. Quería saber cómo se vivía en el extranjero y me había apuntado a un programa de intercambio de estudiantes, de seis meses, en Miami. Solo quería ponerme a prueba, pero no tenía ni idea de que aquello cambiaría mi vida por completo. Aprendí a salir de mi zona de confort y conocí a gente de distintas partes del mundo, incluido quien hoy es mi marido.

PRIMERA OPCIÓN, PERO NUNCA ME ARREPIENTO"

La experiencia sería la primera de muchas; en los 10 años de viajes que siguieron, moverme yo sola me ha aportado un sinfín de valiosas lecciones que me han convertido en la persona que soy.

En el 2007, pasé unos cuantos meses recorriendo sola los Balcanes, una parte incomprendida de Europa del Este no explotada por el turismo. Como aprendí en ese viaje, la realidad de un destino puede ser muy distinta de lo que vemos en la televisión o la prensa. En Tirana, la capital de Albania, me alojé en casa de un albanés que me enseñó partes de la ciudad que yo sola no habría descubierto. Me presentó a sus amigos y se aseguró de que me sintiera acogida y segura. Un día que iba sola, perdí la cartera en el autobús y me quedé sin dinero ni tarjetas. Sin dudarlo, mi anfitrión me llevó a la comisaría para poner una denuncia, me prestó dinero y se molestó en asegurarse de que cancelara las tarjetas y consiguiera otras nuevas. Me hizo ver lo amables y buenos que pueden ser los albaneses y lo importantes que son las historias individuales para contar toda la verdad sobre un país.

Irán es otro lugar que suele verse de forma negativa; sin embargo, la gente que conocí allí es de la más amable que he visto jamás. Hace unos dos años, estuve viajando sola por el país. Allá donde fuera, los lugareños me saludaban con amabilidad y me preguntaban si estaba disfrutando. Me invitaban a comer con ellos en los parques, me ofrecían té junto a la carretera e incluso me mimaban con comidas opulentas en su propia casa. En ningún otro sitio del mundo he visto tanta hospitalidad.

Una vez, me sentí mal mientras iba en bicicleta de un templo a otro en las extensas llanuras de Bagan, en Myanmar. Una señora que vendía bebidas en la calle me acompañó a su puesto y me cuidó durante varias horas, hasta que me recuperé. Dejó su negocio para atender a una desconocida sin esperar nada a cambio. No me imagino cómo podría haber vuelto a mi hotel sin su ayuda.

Podría seguir con mil historias de mis viajes en solitario, pero creo que el mensaje que estoy intentando transmitir queda claro: aunque viajar a solas puede dar miedo, también puede ser lo más gratificante de tu vida."

NELLIE HUANG,
BLOGUERA DE VIAJES, WILDJUNKET.COM

© MATT PHILLIPS

“CUANDO SUBÍ A UN AVIÓN EN LA MOCHILA

“Tenía un buen trabajo de geólogo en Vancouver, en la minería de oro, y casi todas las cosas materiales que siempre había soñado, pero no era feliz. ¿Cómo podía estar aburrido de la vida a los 26?

Como sabía que tenía que darle un buen empujón a mi ánimo, planeé un viaje en solitario de cuatro meses a la India, Nepal y el sureste asiático, algo que estaba muy fuera de mi zona de confort: nunca antes había viajado solo ni me había aventurado en esa parte del mundo. La verdad es que lo que más me intimidaba era la India. Mis amigos relataban haberse visto casi en el límite por el choque cultural y yo no estaba seguro de ser lo bastante fuerte para asimilarlo.

La cosa dio un cambio a peor un par de semanas antes de marchar, cuando me dieron la noticia de que necesitaba tomar anticoagulantes de inmediato debido a un extraño trastorno sanguíneo. Y, si seguía con la idea de ir a Asia, tenía que tomarme una medicación que implicaba inyectarme cada 12 horas. No hace falta decir que estaba aterrado. La idea de irme solo a la otra punta del mundo era una cosa; hacerlo con 300 jeringuillas en la mochila era otra bien distinta.

Aunque tenía serias sospechas de que no iba a volver vivo a casa, sabía que seguía necesitando hacer ese viaje, así que hice de tripas corazón y me subí a un avión rumbo a Bangkok. Como iba a volver a la ciudad después de visitar Nepal y la India, conseguí que la embajada canadiense me guardase las medicinas y jeringas que iba a necesitar mientras estuviera en Laos, Camboya y Vietnam. El personal fue extraordinariamente solícito

RUMBO A ASIA CON 300 JERINGUILLAS (Y NO ESPERABA VOLVER...)"

y hasta me buscó a alguien que me tradujera las indicaciones de mi médico, para que no tuviera problemas si los aduaneros o la policía se extrañaban por el cargamento de medicinas que aun así debería llevar conmigo.

Pocos días después, salí hacia Katmandú, aún preocupado por mi inminente visita a la India. Me tranquilicé mientras recorría la capital de Nepal y más, incluso, cuando me aventuré al oeste, a la asombrosa ciudad de Pokhara, junto a un lago, aunque mi inquietud crecía conforme me cruzaba con viajeros que decían que habían ido a Nepal huyendo del estrés de la India. Pensé 'ahora o nunca' y reservé un billete a Benarés; en teoría, la ciudad más abrumadora de la India.

Benarés, un lugar muy propicio para morir según los hindúes (los libera del ciclo del nacimiento y la muerte), recibe a miles de peregrinos indios que se aproximan al fin de sus días. Es habitual ver cadáveres y a los pocos minutos de llegar vi el primero de muchos, al que llevaban a hombros. Las calles estaban también atestadas de vida y de las imágenes, los sonidos y olores que la acompañan. Jamás había vivido y mucho menos imaginado una situación tan intensa. Aun así, cuando llegué a la orilla oeste del Ganges y miré hacia la opuesta, cubierta de hierba, más allá de las piras funerarias, sentí una gran paz.

Allí estaban la vida y la muerte. Me había enamorado de la India y estaba empezando a enamorarme también de la vida. En los días que pasé en Benarés, me di cuenta de que ya no debía temer a la muerte, que es algo que forma parte de todas las vidas. Lo que sí debía darme miedo era no vivir de verdad. Si no conseguía hacerlo, sería la mayor tragedia.

En mis otros viajes por la India y el sureste asiático, acogí con los brazos abiertos todo lo que pude, incluso aunque me asustara. Cuanto más lo hacía, más me daba cuenta de lo mucho que este planeta y la vida tienen que ofrecer. Sorprendentemente, acabé entendiendo que nada de ello dependía de las posesiones materiales. Mi vida cambió para bien.

No tardé en emprender otra aventura: un año viajando solo por 25 países africanos, desde Sudáfrica hasta Marruecos. Tras ese viaje nació mi nueva profesión: escribir para Lonely Planet."

MATT PHILLIPS,
EDITOR DE DESTINOS DE LONELY PLANET

© KAT FAHEY

“DE CÓMO UN VIAJE EN SOLITARIO

“Llevaba 15 años labrándome una carrera de éxito con la que iba por todo el planeta trabajando en sesiones de fotos de moda y, desde fuera, era fácil pensar que tenía el mejor trabajo del mundo. Pero estaba agotada y, a los 34 años, decidí que era el momento de un nuevo reto. Sin embargo, hasta que me fui no me di cuenta de lo mucho que mi profesión me había definido y mi confianza se vino abajo. Empecé a ofrecerme para puestos que en realidad no quería, pero que pensaba que la gente esperaba de mí. Y aquello no era lo que yo deseaba en mi vida.

Un día estaba en una cafetería de Londres, llorando tras una reunión con una gran empresa de selección de personal; saqué una libreta e hice una lista de las aventuras que emprendería si fuera lo bastante valiente para quitarle tiempo a mi trabajo y averiguar lo que de verdad buscaba en la vida. Lo primero de la lista era hacer el Camino de Santiago. Terminé el café y me metí sin pensármelo en una tienda de material de aventura que había enfrente. Me llamaron la atención unas botas de senderismo y, al probármelas, vi que el modelo se llamaba ‘Kat’. Era una señal.

Volviendo a casa en el metro, decidí hacer el Camino Francés, un trayecto de 775 km desde Saint-Jean-Pied-de-Port, en Francia, hasta Santiago de Compostela. La gente hace el Camino por distintos motivos: para muchos, es un peregrinaje religioso o espiritual al lugar donde está enterrado Santiago, mientras que, para otros, no es más que una excursión bonita. Yo quería hacerlo para saber qué me esperaba después. También, por mi hermanito Anthony, que estaba (y sigue) desaparecido. Los últimos años habían sido muy duros para mi familia, así que dediqué mi marcha a Anthony y creé una

ME LLEVÓ AL TRABAJO DE MIS SUEÑOS"

campaña en GoFundMe para recaudar fondos para The Australian Missing Persons Foundation, que ayuda a familias como la mía.

Tres semanas después, el día que cumplí 35, partí sola a hacer el Camino. Ya había recorrido el mundo cinco veces, pero siempre con compañeros. Esto era nuevo y daba miedo. Cuando iba cruzando a pie los Pirineos, arrepintiéndome de no haberme entrenado antes, me repetía un mantra: 'no mires atrás, no vas a ir por ahí, todo lo tienes por delante'. Ese mantra me convenció para seguir adelante, contra vientos tan fuertes que pensaba que me iban a llevar volando, y a pesar de una grave falta de sueño por culpa de los ronquidos de otros peregrinos en los albergues. Pero tendría que enfrentarme a más demonios en el Camino.

Casi siempre empezaba a andar cuando salía el sol. Cada día me iba sintiendo más fuerte, tanto física como mentalmente. Pero seguía habiendo ocasiones en las que me volvía loca de miedo. Una mañana iba sola por un camino de tierra, antes del amanecer, cuando empecé a notar cómo surgía desde las profundidades del estómago, se arremolinaba en torno a mi corazón y me subía por la garganta: el pánico. Eché a correr, con el cerebro intentando recordar a toda prisa dónde había metido la navaja suiza. Estaba pensando en mi plan de ataque cuando recordé las estrategias de *mindfulness* que había aprendido para combatir la ansiedad. Me paré en seco y me giré hacia mi perseguidor. '¡Voy a enfrentarme contigo!', grité, con fingida valentía y con las lágrimas corriéndome por la cara. Pero no había nadie. Estaba todo en mi cabeza. Así que seguí andando y, poco después, la ansiedad era ya un recuerdo lejano.

El miedo también me había impedido abrir mi propio negocio cuando dejé mi puesto de gran responsabilidad. Pero hacer el Camino me permitió escuchar esa vocecita que había estado diciéndome que siguiera a mi corazón. Esa voz fue subiendo tanto durante el Camino que ya no podía ignorarla. Siempre había querido abrir un negocio de bodas alternativo y, cuando llegué a Santiago, 25 días después de empezar el viaje, sabía exactamente lo que iba a hacer. Así que me junté con mi amiga Louise French, una mujer de gran talento, y juntas pusimos en marcha French and Fahey Festival Weddings en Biarritz, en Francia. Ahora vivo de acuerdo con el mantra de mi primer día en el Camino y, de momento, no he mirado atrás."

KAT FAHEY,
EMPRESARIA, IAMKATFAHEY.COM

RECURSOS

Una guía rápida de referencia de la A a la Z con las aplicaciones y webs de viaje útiles que se mencionan en esta guía y más.

APPS PARA GESTIONAR EL DINERO DEL VIAJE

★ XE (xe.com). El conversor de divisas más descargado del mundo.
★ Trail Wallet (voyagetravelapps.com/trail-wallet). Organizador de gastos.
★ Mint (mint.com). Completa panorámica de las finanzas en tiempo real.
★ Splittr (splittr.io). Hace que dividir la cuenta sea pan comido.

APPS PARA VIAJAR SEGURO

★ bSafe (getbsafe.com). Permite crear una "red social de seguridad" con contactos a los que avisar en caso de emergencia.
★ Citymapper (citymapper.com). Ayuda a llegar a cualquier sitio con todos los sistemas de transporte local.
★ Companion (companionapp.io). Envía un enlace con un mapa en vivo para llegar adonde estén los "compañeros" seleccionados.
★ Maps.Me (maps.me). Permite descargar mapas de cualquier parte para usar sin conexión.
★ Bugle (gobugle.com). Si el usuario no se registra en un plazo fijado, se avisa por correo y SMS a los contactos de emergencia de su móvil.

TRABAJOS DE 'AU PAIR'

★ AuPair.com.
★ AuPairWorld (aupairworld.com).
★ FindAuPair (findaupair.com).

RESERVA DE VUELOS

★ The Flight Deal (theflightdeal.com). Las mejores ofertas existentes.
★ TravelPirates (travelpirates.com). Similar a Flight Deal.
★ Skiplagged (skiplagged.com). Ayuda a buscar precios de "ciudades ocultas".
★ Skyscanner (skyscanner.com). Buena función de alerta de vuelos.
★ Kayak (kayak.com). Con una herramienta para buscar las tarifas más bajas por zonas.
★ Triphackr (triphackr.com). Consejos para reservar vuelos baratos.

RESERVA DE ALBERGUES, HOTELES Y PISOS

★ Airbnb (airbnb.com). Reserva de pisos y casas.
★ Booking.com (booking.com). Tiene una aplicación sencilla para reservar mientras se viaja.
★ Hostelworld (hostelworld.com). Se dice que es la mejor web del mundo para reservar albergues.
★ Hotel Tonight (hoteltonight.com). La mejor aplicación para reservas de última hora de hoteles.
★ Jetsetter (jetsetter.com). Útil para reservas de última hora de hoteles de lujo.
★ Lonely Planet (lonelyplanet.com/hotels). Más de 500 000 alojamientos en todo el mundo.
★ Yonderbound (yonderbound.com). Curiosa web nueva que permite reservar alojamiento reseñado en artículos de viajes.

CONTACTAR CON OTROS VIAJEROS

★ A Small World (asmallworld.com).
★ Backpackr (backpackr.org).
★ Digital Nomad Forum (nomadforum.io).
★ InterNations (internations.org).
★ Lonely Planet Thorn Tree (lonelyplanet.com/thorntree).
★ Meetup (meetup.com).
★ Travelstoke (travelstoke.matadornetwork.com).
★ Tripr (triprapp.com).

ALOJAMIENTO GRATIS

★ Couchsurfing (couchsurfing.com).
★ Global Freeloaders (globalfreeloaders.com).
★ Stay4Free (stay4free.com).
★ The Hospitality Club (hospitalityclub.org).
★ Trusted Housesitters (trustedhousesitters.com).

PRECIOS POR PAÍS

★ Grand Escapades (grandescapades.net). Desglose de precios de más de 40 países y regiones.
★ Goats on the Road (goatsontheroad.com). Completos desgloses de precios de países del sureste asiático.

SEGUROS

★ World Nomads (worldnomads.com). Permite adquirir coberturas después de salir del país de origen y cubre en este si se está a 161 km de la dirección habitual (para residentes de EE UU), fuera de la provincia de origen (para canadienses) o fuera del país de origen (resto de casos).

TUROPERADORES INTERNACIONALES PARA VIAJAR EN SOLITARIO (O ENCONTRAR COMPAÑERO DE HABITACIÓN)

- ★ Abercrombie & Kent (abercrombiekent.com).
- ★ Contiki (contiki.com).
- ★ Exodus Travels (exodustravels.com).
- ★ G Adventures (gadventures.com).
- ★ Intrepid Travel (intrepidtravel.com).

COSTUMBRES LOCALES Y RECOMENDACIONES EN EL EXTRANJERO

- ★ Etiquette Scholar (etiquettescholar.com). Guías sobre propinas en más de 50 países.
- ★ Journeywoman (journeywoman.com). Consejos para mujeres sobre cómo vestir en cada país.
- ★ Travel Etiquette (traveletiquette.co.uk). Guías sobre etiqueta para viajes en más de 40 países.

RECURSOS MÉDICOS

- ★ Centros de Control y Prevención de Enfermedades de EE UU (cdc.gov).
- ★ Centro Europeo para la Prevención y el Control de las Enfermedades (ecdc.europa.eu).
- ★ Atención al viajero Ministerio de Sanidad, Servicios Sociales e Igualdad (https://www.msssi.gob.es/ciudadanos/proteccionSalud/vacunaciones/viajero/home.htm).
- ★ Travelling Well (travellingwell.com.au).
- ★ Organización Mundial de la Salud (who.int).

EQUIPAJE

- ★ *How to Pack For Any Trip*, de Lonely Planet
- ★ PackPoint (packpnt.com). Aplicación para hacer la lista del equipaje.

APPS CURIOSAS PARA MANTENER EL CONTACTO

- ★ LiveTrekker (livetrekker.com). Permite crear un diario digital del viaje en un mapa interactivo.
- ★ Touchnote (touchnote.com). Envía fotos de los viajes como postales físicas.
- ★ Flipagram (flipagram.com). Organiza las fotos de las vacaciones en una presentación con música.
- ★ Tripcast (tripcast.co). Permite crear un álbum e invitar a amigos y familiares para seguirlo en tiempo real.
- ★ WiFi Finder (avast.com). Detecta redes wifi cercanas rápidas y seguras.

VENDER FOTOS DE VIAJES A BUEN PRECIO

- ★ Shutterstock (shutterstock.com).
- ★ 500px (500px.com).
- ★ iStock (istockphoto.com).

PARA COMER EN COMPAÑÍA

- ★ EatWith (eatwith.com).
- ★ VizEat (vizeat.com).
- ★ WeFiFo (wefifo.com).

ENSEÑAR ESPAÑOL EN OTROS PAÍSES

- ★ Me voy al mundo (mevoyalmundo.com).
- ★ Instituto Cervantes (cfp.cervantes.es/preguntasfrecuentes.htm).

LLAMADAS Y MENSAJES GRATIS

- ★ Google Hangouts (hangouts.google.com).
- ★ Rebtel (rebtel.com).
- ★ Skype (skype.com).
- ★ Viber (viber.com).
- ★ WhatsApp (whatsapp.com).

BLOGS DE VIAJES

- ★ Travel Blog Success (travelblogsuccess.com). Consejos para crear un buen blog de viajes.
- ★ Travel Massive (travelmassive.com). Contactar con otros blogueros de viajes.
- ★ Crónicas de una argonauta (cronicasargonauta.com). Consejos para grandes viajes.
- ★ Rutas 10 (rutas10.com). Blog de viajes con prácticos consejos.

TRABAJAR EN FESTIVALES

- ★ Oxfam Stewards (oxfam.org.uk/stewarding). Grandes festivales del Reino Unido.
- ★ Work Exchange Team (workexchangeteam.com). Grandes festivales de EE UU.

TRABAJAR DE FORMA REMOTA

- ★ 99 Designs (99designs.com). Para diseñadores gráficos y web.
- ★ Freelancer (freelancer.com). Puestos de IT, diseño, marketing, etc.
- ★ ProBlogger (problogger.com). Trabajos para blogueros y escritores.
- ★ Upwork (upwork.com). Gran variedad de trabajos para *freelance*.
- ★ Working Nomads (workingnomads.co). Trabajos selectos en distintos ámbitos.
- ★ Matador Network (matadornetwork.com). Trabajo pagado para escribir sobre viajes.

TRABAJAR A CAMBIO DE ALOJAMIENTO

- ★ Workaway (workaway.info). Trabajo a cambio de alojamiento.
- ★ WWOOF (wwoofinternational.org). Trabajo en granjas ecológicas a cambio de alojamiento.

NOTAS

NOTAS

NOTAS

NOTAS

NOTAS

LOS AUTORES

SARAH REID

Sarah, escritora y editora de viajes, ha viajado a casi cien países; a buena parte de ellos, sola. Desde vagar por los centros de comida callejera de Singapur hasta maravillarse ante los impresionantes paisajes de Australia central, las aventuras de Sarah viajando sola han estado entre las más gratificantes; y espera que esta obra, que incluye muchos de los trucos que ha aprendido por el camino, consigan que una nueva legión de viajeros en solitario descubra lo que ha estado perdiéndose. Antes era editora en Lonely Planet y ahora escribe para publicaciones de viajes de varios continentes y lleva un blog sobre viajes sostenibles. ecotravelist.com

CONTRIBUCIONES ESPECIALES

DANIEL FAHEY

Daniel es editor en Lonely Planet para Europa Occidental. Ha escrito para la BBC, el *Telegraph*, el *Metro*, el *Daily Mail* y todo tipo de revistas.

KAT FAHEY

Kat, directora creativa, ha vivido y trabajado por todo el mundo. Se sient e como en casa junto al mar y, tras dejar su trabajo para hacer un viaje en solitario que le cambió la vida, ahora lleva un negocio de bodas en la costa francesa. iamkatfahey.com

MASOVAIDA MORGAN

Masovaida es editora de destinos, escritora y presentadora en Lonely Planet. Desde que hizo su viaje en solitario a los Alpes, siempre viaja con tres baterías portátiles para el móvil.

STEPHANIE PARKER

Stephanie lleva viajando de mochilera desde hace tanto que ni se acuerda. Ahora vive en Australia y comparte sus mejores trucos en su blog de viajes. big worldsmallpockets.com

NELLIE HUANG

Nellie empezó hace poco a escribir sobre viajes en los medios y lleva un blog sobre viajes poco convencionales. Escribe sobre destinos desde la Antártida hasta el Ártico y le encanta viajar sola y con su hija de 2 años. wildjunket.com

CLINT JOHNSTON

Clint, ex director de una ONG, creó un blog de viajes con consejos para viajar gratis, o casi, por todo el mundo. En la actualidad se dedica a tiempo completo a su blog. triphackr.com

PHOEBE LEE

La australiana Phoebe Lee es escritora de viajes, bloguera y *youtuber*. Ha escrito y filmado para un sinfín de empresas de viajes y organismos de turismo y siempre busca divertirse en sus aventuras. littlegreybox.net

MATT PHILLIPS

Decir que Matt se encontró a sí mismo viajando solo sería quedarse corto: también encontró la felicidad y trabajo como escritor de viajes. Es editor de Lonely Planet para el África subsahariana.

MONICA STOTT

Monica convirtió el blog de su viaje de año sabático en un trabajo a tiempo completo. Ahora puede vérsela viajando desde Barbados hasta Berlín, en busca de viajes de aventura elegantes y lujo asequible. thetravelhack.com

AGRADECIMIENTOS

Isabel Albiston, Joe Bindloss, Jackson Groves, Bessie Hassan, Nick Hewitt, Anita Isalska, Ria de Jong, Rosemary Lemon/Hays, Luke Marlin, Dra. Deborah *Deb* Mills, Sarah O'Farrell, Tim Page, Monica Stott, James Sutherland/Friends International, Simon Southey, Emma Tamaoki, Tasmin Waby.

2ª edición en español – junio del 2019

De la edición original:
The Solo Travel Handbook
Publicado en enero del 2018 por Lonely Planet Global Limited CRN 554153
Lonely Planet Global Limited, Digital Depot, The Digital Hub, Dublín D08 TCV4, Irlanda (oficinas en Reino Unido, Estados Unidos y Australia)
www.lonelyplanet.com
Contacta con Lonely Planet en: lonelyplanet.com/contact

De la edición en español:
geoPlaneta
© Editorial Planeta, S.A.
Av. Diagonal 662-664. 08034 Barcelona
viajeros@lonelyplanet.es
www.geoplaneta.com - www.lonelyplanet.es

© Traducción: Esther Cruz y Silvia Moreno, 2018

ISBN: 978-84-08-18567-3
Depósito legal: B. 2.147-2018
Impresión y encuadernación: Liberdúplex
Printed in Spain – Impreso en España

Director editorial: Piers Pickard
Editor: Robin Barton
Coordinación editorial: Jessica Cole, Sarah Reid
Director artístico: Daniel Di Paolo
Diseñadora: Claire Clewley
Búsqueda de imágenes: Regina Wolek
Producción de impresión: Larissa Frost, Nigel Longuet

Escrito por Sarah Reid

Ilustración de cubierta: Niki Fisher